허무주의와 실존주의를 극복하는 AI시대 인생론

Homo Erraticus
호모 에라티쿠스
착각하는 인간

허무주의와 실존주의를 극복하는 AI시대 인생론

Homo Erraticus
호모 에라티쿠스
착각하는 인간

김창민 지음

간디서원

허무주의와 실존주의를 극복하는 AI시대 인생론

Homo Erraticus
호모 에라티쿠스
착각하는 인간

초판인쇄일 | 2024년 12월 15일
초판발행일 | 2024년 12월 25일
지은이 | 김창민
펴낸곳 | 간디서원
펴낸이 | 최청수
주   소 | (03440) 서울시 은평구 가좌로 335, 2층
전   화 | 02)3477-7008
팩   스 | 02)3477-7066
등   록 | 제2022-000014호
E_mail | gandhib@naver.com
ISBN | 978-89-97533-58-9 (03100)

ⓒ 김창민, 2024

* 잘못된 책은 바꾸어 드립니다.

가족을 비롯하여, 광대한 우주의 시공간 속에서
저와 인연을 맺은 모든 분들께 이 책을 바칩니다.
사실, 우리 모두가 공저자이기 때문입니다.

차례

들어가는 말
　나는 후회 없는 인생을 살고 있는가? ············· 11

제1장 인간은 미미하나 기적 같은 존재
　지구는 우주 속의 먼지 ························· 19
　　인간은 찰나를 살다가는 존재 · 23 / 왜 모든 생명은 소중한가? · 24
　내 생명은 로또 중의 로또 당첨! ················· 27
　　얼마에 당신의 두 눈을 팔겠는가? · 29 /
　　우주적 차원의 나를 생각하라 · 32

제2장 나는 누구이며, 어떤 존재인가?
　장자(莊子)의 '과학적' 사고 ····················· 37
　　나는 어떤 존재인가? · 40 / 나란 존재는 언제 시작되었을까? · 43 /
　　나 또한 고정된 존재가 아니고 쉼 없이 변화하는 존재다 · 48 /
　　나는 내 몸 세포와 미생물로 이루어진 공생체 · 52 /
　　지구상의 생명들은 하나의 거대하고 복잡한 네트워크 · 55

나와 나의 환경은 한 몸 ………………………………………… 57
　나를 둘러싼 환경을 배제한 나의 정체성은 상상할 수 없다 • 62 /
　어떻게 인간은 협소한 자의식을 갖게 되었나? • 66
고정된 실체로 존재하는 사물은 없다 ……………………… 69
　고대 철학과 종교의 약점 • 74 /
　정신은 물질이 창조한 것이고, 물질은 정신이 창조한 것이다 • 77 /
　우주의 모든 대상에 본래의 속성이란 존재하지 않는다 • 80 /
　나와 세계는 분리할 수 없는 한 덩어리 • 83

제3장 죽음이 있어 삶이 아름답다!

영원히 사는 자의 고통 ………………………………………… 89
　종교는 죽음에 대한 두려움 때문 • 92 / 윤회는 있는가, 없는가? • 94 /
　죽음이 있기에 우리의 삶은 소중하다! • 98
늘 죽음을 의식하라! …………………………………………… 102
　죽음은 우리를 진정한 삶으로 이끈다 • 103 /
　위인들의 죽음에 대한 확고한 철학 • 105

제4장 착각 속에 사는 호모 사피엔스

헛똑똑이 호모 사피엔스 ……………………………………… 111
　착각 속에서 살아가는 인간 • 112 /
　우리에게 '객관적 이성'이 존재할까? • 115

사고와 감각은 문화의 산물 ······················· 118

선이 악이 되고, 악이 선이 되기도 한다 · 121 / 시대에 따라 미인의
기준도 변한다 · 123 / 나의 오감과 감정도 문화의 산물이다 · 127

모든 것은 고정된 의미가 없다 ······················· 132

어떤 단어나 문장도 고정된 의미는 없다 · 134 / 같은 작품도 역사적
문화적 맥락에 따라 변한다 · 136 / 나의 사고도 문화적 영향에서
벗어나기 어렵다 · 142

제5장 사회적 동물의 숙명, 외로움

인간은 사회를 만들고, 사회는 인간을 만든다 ············· 147

나의 사고와 정체성은 사회가 만든다 · 150 /
나의 가치관도 사회와 시대가 만들어낸 것 · 153

외로운 인간, 호모 솔루스 ························· 156

외로움은 생존 메커니즘이다 · 158 / 예수님은 왜 행복했을까? · 160 /
마콘도 마을의 평화가 깨진 이유 · 163

사회적 동물이기에 생기는 감정들 ···················· 166

공감 능력은 사회생활의 필수적 감정 · 168 /
동물들도 이타심을 보인다 · 170 /
사회적 존재이기에 생기는 감정들 · 172

제6장 나는 욕망의 주체인가, 노예인가?

나의 욕망은 어디에서 오는가? ········· 177

욕망은 인간 행동의 원동력 • 178 / 인간의 가장 큰 욕망 • 180 /
사회적 동물이기에 생기는 욕망 • 183 / 자본주의 사회는 어떻게
개인의 욕망을 통제하는가? • 187 / 황금만능주의 사회의 숙명 • 191

행복한 삶에 이르는 지혜 ········· 192

재물은 바닷물과 같아서 마실수록 더 갈증을 느낀다 • 194 /
욕망의 주체가 되라 • 197 / 원만한 인간관계는 건강과 행복의
열쇠 • 200 / 행복은 감정의 노예가 되지 않는 데 있다 • 201

제7장 인생의 의미는 무엇일까?

열정적으로 살되 결과에 집착하지 말라! ········· 207

인간과 사회, 자연환경은 모두 나의 삶을 결정하는 복잡계 • 209 /
인생의 의미는 무엇일까? • 212 / 인간이 지닌 최고의 가치 • 216

지혜로운 삶을 위한 10가지 사고 습관 ········· 218

에필로그

허무주의와 실존주의를 극복하는 AI시대 인생론 ········· 230

찾아보기 ········· 239

들어가는 말

나는 후회 없는 인생을 살고 있는가?

현대인들은 과거 어느 시대보다 바쁜 일상을 살아간다. 지구가 한 경제권이라고 할 수 있는 이 상황에서 경쟁은 갈수록 치열해져 간다. 이런 환경에서 살아남기 위해 하루하루를 열심히 살아가다가도 문득, '내가 잘 살고 있는 건가?' '내 삶의 의미는 무엇인가?'라는 생각이 들 때가 있다. 대부분 '후회 없이 인생을 잘 살고 싶다'는 막연한 생각을 가지고 있다. 그렇다고 우리 인간에 대해서, 우리의 삶에 대해서 명쾌하게 정리하고 살아가는 것도 아니다. 알 듯 말 듯, 짙은 안개 속에 보이는 경치처럼 흐릿하다. 그래서 더듬거리며 살아가는 것에 익숙해져 간다. 나 역시 그랬다. 흐릿한 안개 속을 거니는 느낌을 지울 수 없었다. 대학생이 되어 접하기 시작한 다양한 동서양 철학서들과 이론들은 명확하게 이해하기가 어려웠다. 동서양 종교이론도 마찬가지였다. 그래서 서양 문학을 가르치는 교수이면서도 한평생을 어렴풋하게 알고, 더듬거리면서 살아왔다.

우리나라 사람들은 입시 위주의 교육을 받는 과정에서는 인생에 대한 고민을 진지하게 해보는 기회를 갖지 못하고, 사회에 진출해서는 어느 나라 사람들보다 바쁜 일상을 보내기 때문에 철학적 고민을 할 새가 없다. 그래도 이 세상에 대한 호기심이나 인간의 본성에 대한 호기심은 인간의 보편적 속성인지라 많은 사람은 틈이 나면 동서양의 수많은 철학 이론이나 종교에 다가가서 인생에 대한 답을 구해본다. 하지만 철학서들을 이해하기도 쉽지 않을뿐더러 그것들을 명쾌하게 정리하기는 더욱 어렵다. 종교적 가르침도 오늘날 관점에서 선뜻 받아들이기 힘든 것이 많다. 그런 상황에서 우리는 우선 호구지책에 신경을 쓸 수밖에 없고, 소위 '골치 아픈 철학적인 고민'은 뒤로 미뤄 놓게 된다. 근본적이고 중요한 인생 문제에 대한 고민을 일단 젖혀두고 나중에 은퇴하고 시간이 있을 때 공부하겠다는 것이다.

그런데 이런 태도는 정말 이상하지 않은가? 인생을 다 살고 나서 인생에 대해 공부한다는 것은 앞뒤 순서가 완전히 바뀐 것이다. 나의 본성은 무엇이고, 왜 이런 행동을 하게 되고, 나의 한계는 무엇인지 알고 난 다음 인생을 준비하고 설계하고 거기에 맞게 살아가는 것이 순리가 아니겠는가? 다시 구할 수 없는 소중한 물건을 설명서도 읽어보지 않고 마구잡이로 써보다가 나중에 다 닳아 못 쓸 지경에 이르면 그때 가서 설명서를 읽어보겠다는 것 아닌가? 물론 순리에 맞게 먼저 인생에 대해 알고 난 뒤 인생을 제대로 살고 싶은 생각이 있었지만, 할 수 없었던 사정이 있었다. 젊은 시절 동서양 철학책이나 사상서를 접하지만, 이해와 정리가 쉬운 것이 아니다. 개별적인 책을 이해했다고 해서 인생과 세상을 꿰뚫어 볼 수 있는 지혜가 생기는 것도 아니다. 과거의 소위 '위대한' 철학 이론들도 요즘 시대에 잘 들어맞지 않아 받아들이기 어려운 내용도 많다. 그래서 우리 현대인들은 더욱 갈피를 잡기가 어렵다. 문제는 바로 여기에 있는 것 같다. 수천 년 전부터 현재까지 각론은 풍성한데, 이 현대를 살아가는 사람이라면 누구라도 이해하고 공감할 수 있는 총론은 별로 없었던 것 같다. 물론 인생에 대한 총론을 논한다는 것은 두렵고 용기가 필요한 일이다.

그런데 다행스럽게도 최근에 물리학과 생물학 등 자연과학의 발전으로 인간과 세계에 대한 이해에 결정적 단서를 제공하는 지식들이 쏟아지고 있다. 코페르니쿠스가 지동설을 발표했을 때보다 더 혁명적으로 인식의 지평이 열리고 있다. 천문학의 발전으로 광대한 우주가 조금씩 그 정체를 드러내고, 양자역학을 통해서 우리의 인식으로 도저히 이해하기 힘든 새로운 물질세계가 드러나고 있다. 미생물학의 발견으로 우리의 몸은 하나의 생명공동체라는 사실이 밝혀지고 있고, 뇌과학을 통해서 미지의 영역이었던 인식, 기억, 자아의식 등이 어떻게 작동되는지 그 과정이 밝혀지고 있다. 이 지식들은 과거에 철학자나 종교 지도자들이 우리에게 전해주었던 지혜들과 많은 부분 일치하기도 하고 충돌하기도 한다. 이제 수천 년 전부터 내려오는 다양한 주장들을 선별하고 정리할 수 있는 과학적 근거가 마련되고 있다고 할 수 있다.

　이 책은 바쁜 현대인들을 위하여, 오늘날 천문학, 물리학, 뇌과학, 진화생물학 등 자연과학이 알려주는 지식과, 문학, 종교, 철학, 심리학 등이 축적해 온 인문학적 지혜를 바탕으로, 지금까지 우리가 자아와 인간의 본성에 대해 어떤 오해를 하고 있었는지 살펴보고, 인간은 어떤 본성을 지니고 있는지, 어떤 조건 속에서 그 본성이 만들어졌는지, 그런 본성을 근거로 해서 우리는 어떤 태도로 살아야 하는지 정리해 보고자 한다. 물론 그 과정에서 필자가 놓치는 것도, 착각하는 것도 있을 것이다. 사실 많은 현자들이 이 점이 염

려스러워 이런 작업을 하지 않았을지도 모른다. 그렇지만 또 많은 사람이 그런 염려를 극복하고 용기를 내어 자신의 주장을 설파해 온 결과가 현재의 인류가 누리는 지식과 종교인 것도 사실이다. 어쨌든 이 책의 내용은 앞으로 지속적인 수정과 보완이 필요하다고 생각한다.

이 책은 미래가 불안한 사람들에게 이해하기 쉽고 명쾌한 인생 안내서가 있었으면 좋겠다는 희망에서 시작되었다. 그래서 독자들에게 사회적 관습과 통념으로부터 벗어나 좀 더 자유롭게 살아갈 수 있는 용기를 줄 수 있으면 좋겠다. 물질만능주의가 조장한 왜곡된 욕망으로부터 벗어나 다양한 가치를 추구하면서 열정적으로 살아가는 데 작은 격려의 목소리가 될 수 있기를 소망한다. 나아가 오늘날 갈수록 심각해지는 사회적 갈등과 대립을 극복하고, 서로를 이해하고 포용하는 사회를 만들어가는 데 작은 보탬이 되었으면 하는 바람이다.

제1장

인간은 미미하나 기적 같은 존재

지구는 우주 속의 먼지

우리가 인간의 본질적 속성 중에서 자주 망각하고 사는 것은 내가 우주적인 존재라는 점이다. 인간들 사이에서 일상의 소소한 일에 얽매여 아등바등 살다 보면 하늘을 쳐다보고 별을 쳐다볼 여유가 없다. 내가 우주 속의 존재라는 것을 의식하면서 사는 시간은 그리 길지 않다. 하지만 인간이 우주적 존재라는 것을 부정할 수는 없다. 인간이 우주 속의 존재라는 사실은 우리의 존재 가치를 이해하고 삶의 태도를 모색하는 데 중요한 요소가 된다. 왜 그런가를 잘 알려진 사실만을 가지고 한번 따져보자.

현대 천문학의 설명에 따르면, 지구는 태양을 중심으로 돌고 있는 행성이다. 지구 생태계의 생명줄인 태양에서 지구까지의 거리는 1억 5천만km, KTX를 타고 시속 300km로 달려가면 태양에 도달하는 데 꼬박 57년이 걸린다. 우리가 맑은 날 밤하늘을 쳐다볼 때 하늘 가운데 뿌옇게 연한 구름 띠 같은 것을 볼 수 있는데, 그것이 우리 은하계다. 우

안드로메다 은하계: 우리 은하계와 가장 가까운 은하계이며 지구로부터 250만 광년 떨어져 있다.   - 사진 출처: 위키백과

리 은하계는 태양 같은 별 1,000~2,000억 개로 이루어져 있다. 그 우리 은하계의 길이는 1초에 지구를 7바퀴 반 도는 빛의 속도로 12만 년을 가야 하는 거리이다. 폭은 3만 광년, 높이는 1,000광년이다. 그런데 우주에는 우리 은하계와 같은 은하계가 2000억 개 이상 있다고 한다. 우리 은하계와 가장 가까운 은하계는 안드로메다 은하계인데, 거기까지 거리는 250만 광년이라고 한다. 우리 인간으로서는 상상하기조차 불가능한 광대한 공간이다. 이것을 쉽게 이해하기 위해 비유해 보자면, 만약 이 우주를 지구 크기로

줄인다면, 지구는 모래알 정도 될까 말까 할 것이다. 그 모래알만 한 지구 속에서 나의 존재는 어떤 크기로 비유할 수 있을까? 먼지도 안된다. 이것은 부정하기 어려운 과학적 사실이다.

그럼 우주의 나이는 얼마나 되었을까? 현재 천문학의 견해에 따르면, 우주의 나이는 약 137억 년으로 추정된다. 이 수치는 우주 마이크로파 배경 복사(Cosmic Microwave Background Radiation)와 허블 상수(Hubble Constant)를 기반으로 한 다양한 관측 및 이론적 모델을 통해 계산된 것이다. 지구의 나이는 약 45억 년으로 추정된다. 이 수치는 고대 암석 및 운석 샘플을 방사성 동위원소 연대 측정법, 특히 우라늄-납 연대 측정법을 사용하여 계산되었다.

지구의 나이가 45억 년이라는 사실 역시 실감이 나지 않기에, 비유적 설명이 이해에 도움을 줄 수 있다. 현생 인류 즉 호모 사피엔스는 약 30만 년 전에 등장한 것으로 추정하고, 농업의 시작은 약 1만 년 전, 메소포타미아 문명이나 이집트 문명 같은 고대 문명의 시작은 약 5,000년 전으로 본다. 산업혁명은 불과 250년 전의 일이다. 45억 년이라는 지구의 나이를 24시간 하루로 비유해 보면, 지구의 형성을 자정(00:00)이라고 할 때 첫 번째 생명체의 등장은 오전 5시(약 35억 년 전)이고, 산소의 대량 생성(산소 혁명)은 오전 11

시경(약 24억 년 전), 다세포 생물의 등장은 오후 8시 48분경 (약 6억 년 전), 공룡의 등장은 오후 10시 45분(약 2억 3천만 년 전), 공룡의 멸종은 밤 11시 39분(약 6천 6백만 년 전), 현생 인류의 등장은 밤 11시 59분 54.24초(5.76초 전, 약 30만 년 전), 농업의 시작은 밤 11시 59분 59.808초(0.192초 전, 약 1만 년 전), 산업혁명은 밤 11시 59분 59.995초(0.005초 전, 약 250년 전)이다. 지구의 긴 역사 속에서 인류의 역사가 얼마나 짧은지를 명확하게 알려주는 비유이다. 게다가 한 인간의 평균 수명을 100년으로 본다고 해도, 지구의 나이를 24시간이라고 한다면 우리는 0.0019초 살다 가는 것이다. 지구의 입장에서 볼 때 우리는 하루살이의 삶에도 턱없이 못 미치는 찰나를 살다 가는 것이다. 그 짧은 찰나는 상상하기조차 어렵다. 하지만 다람쥐 쳇바퀴 돌듯 우리는 바쁜 일상에 매몰되어 이 엄연한 사실을 망각한 채 살아간다. 자신이 영원에 가까운 긴 세월을 살 것 같은 착각에 빠져 하루하루를 보낸다. 자신의 부와 지위를 과시하느라 여념이 없다. 그런 사람일수록 자기보다 더 많은 부와 높은 지위를 가진 사람을 부러워하고 자신의 현실에 불만을 느낀다. 인간의 가치를 부와 지위에 두는 순간, 욕망의 심연에서 빠져나오기 어렵기 때문이다. 과시와 불만은 동전의 양면과 같은 것이다. 과시는 필연적으로 불만을 낳게 되어 있다. 그렇게 과시와 불만이라는 수렁에서 벗어나지 못하고 허우적거리다 인생을 마감한다.

인간은 찰나를 살다가는 존재

그럼 이 광대한 우주의 시간과 공간을 고려하면서 산다는 것, 나의 시공간적 배경을 의식하면서 산다는 것은 무엇을 의미하는가? 이런 '우주 속의 인간'이 갖는 의미는 무엇인가?

가장 먼저 생각할 수 있는 것은, 우주의 시공간 속에서 본다면 인간은 참으로 미미한 존재라는 것이다. 그 크기가 우주의 먼지로도 비유하기에 턱없이 부족한 미미한 존재이다. 그 인생은 찰나에도 미치지 못하는 시간이다. 그래서 동서양을 막론하고 부와 권력을 누렸던 수많은 인간이 영생을 꿈꾸었지만 지금까지 단 한 명도 그 꿈을 이루지 못했다. 이런 나의 조건을 인식할 때 우리는 저절로 겸손해지지 않을 수 없다. 내가 잘났다고 으스대봤자 너무나 보잘것없는 존재이다. 자신의 재산과 권력을 뽐내봤자 우주적 차원에서 보면 철부지의 덧없는 행동이다. 자신을 우주적 관점에서 바라볼 때 우리는 가식적으로 겸손한 척하는 것이 아니라 진짜 겸손해질 수밖에 없다.

우리는 어릴 때부터 겸손하라는 교육을 받는다. 이럴 때 겸손은 대체로 개인적 덕목으로, 원만한 인간관계를 형성, 유지할 수 있게 해주는 사회적 행동 양식으로 장려된다. 물론 이런 의미에서도 겸손은 교육해야 할 가치가 있다. 그러다 보니 많은 경우 속으로 자신은 잘났다고 생각하면서도 겉으로는 겸손한 척하는 사람도 있다. 특히 정치인들에게서 그런 가식적 태도를 많이 경험하게 된다. 정치인들은 선거철만 되면 유권자가 보기에 어색할 정도로 겸손한 존재가 된다. 그러다 어느 순간 내면에 숨겨진 교만한 생각이 무의식중에 언행을 통해 밖으로 드러나게 되고 낭패를 보는 경우가 종종 있다. 그래서 우리는 학교 교육에서부터 우리 인간이 우주적 시공간 속에서 어떤 존재이고 어떤 의미가 있는지를 가르치는 것이 필요하다. 이것이 진정 겸손한 사람이 되게 하는 한 방법이지 않을까?

왜 모든 생명은 소중한가?

물론 지구상에는 인간 말고도 많은 생명체들이 존재한다. 그들 또한 수많은 인연의 결과로 미미한 확률을 극복하고 이 땅에 생명을 받아 태어났다. 사실 우주적 차원에서 보면 인간이나 곤충이나 큰 차이가 없다. 우리는 인간의 감각으로 수집 가능한 정보를 바탕으로 세상을 구성하고 그에 따라 행동하고, 다른 동식물들은 그들이 지닌 감각을 가지고 자신의 처지에 따라 세상을 바라보고 살아간다. 인간만이 뛰어난 감각을 가지고 있는 것은 아니다. 우리가 눈, 귀, 코, 혀, 촉각, 의식이라는 여섯 가지 감각이 있다면, 나무는 빛, 바람, 수분, 냄새, 거리, 방향, 여러 가지 대지의 영양소 등을 감지할 수 있는 등 인간의 감각 능력에는 없는 15가지 다른 감각 능력을 가지고 있다는 사실이 밝혀졌다. 나무는 오염된 토양이 멀리 떨어져 있어도 감지한다. 나무도 위협을 느끼고, 기억하고 소통한다는 연구결과가 있다. 숲 속에서는 어린나무가 키가 충분히 자라 햇살을 받을 수 있을 때까지 큰나무가 물과 영양분을 양보해주어 키운다는 사실이 알려졌다. 어떤 나무들은 우리보다 몇 배 오래 산다 (스테파노 만쿠소Stefano Mancuso, 알레산드라 비올라Alessandra Viola 지음, 양병찬 옮김, 『매혹하는 식물의 뇌』, 행성B 2016). 뜨거운 사막 모래 속에 있는 곰팡이 포자는 수십 년 뒤에라도 조건이 좋아지면 발아한다. 한번 수정한 곤충은 평생 정자를 보관하다가 원하는 시기에 자손을 번식한다. 어떤 동물은 인간보다 월등히 뛰어난 후각을 가지고 있다. 우리 기준으로 보잘것없는 초파리는 1킬로미터 떨어진 곳에서도 냄새를 맡을 수 있고, 맷돼지는 땅속 깊이 있는 먹이 냄새를 감지한다. 어떤 동물은 우리보다 월등한 청각이나 시각을 가지고 있다. 코끼리는 수 킬로미터 떨어진 동료들과 소통을 하고, 맹금류의 시력은 인간의 몇 배에 달한다. 인간만이 잘난 것은 아니다. 인간이 살아가는 방식이 최고라고 장담할 수도 없다. 그러니 마땅히 모든 생명을 소중하게 여기고 존중해 주어야 한다. 그래서 많은 종교에서 살생을 금하고 생명 존중을 가르쳤던 것이 아닐까? 다시 말해 우주적 차원에서 우리를 바라보는 자세를 가지면 다른 생명체와 환경을 대하는 자세도 달라질 수밖에 없게 된다.

내 생명은 로또 중의 로또 당첨!

하지만 '우주 속의 인간'을 방향을 바꾸어 생각해 보면 전혀 다른 의미가 탄생한다. 지금까지 외계에 생명체가 발견되지 않았지만, 우주에 외계 생명체가 없다고 단정하기에는 우주가 너무나 광대하다. 『코스모스』의 저자 칼 세이건 Carl Sagan의 표현을 빌리자면 "이 광대한 우주에 지구에만 생명체가 있다면 그것은 지나치게 비효율적이다". 어쨌든, 외계 생명체가 있든 없든, 우리가 이 광활한 우주에서 창백한 푸른빛을 발하는 한 점에 불과한 지구에서 한 생명체로서 삶을 누리고 있다는 사실은 기적 중의 기적이라는 점을 부인할 수 없다. 그것은 로또 당첨에는 비교조차 할 수 없는 아주 아주 희박한 확률이다. 그 희박한 확률 속에서 생명체가 되어 지금 살아가고 있는 이 순간이 기적 같은 순간이라는 것을 인정할 때 우리는 삶과 생명을 소중하게 여기지 않을 수 없다.

이처럼 우주의 시공간이 나에게 주는 의미는 내 생명과

칼 세이건(Carl E. Sagan, 1934~1996)
"우리는 별에 대해 궁금해하는 별의 먼지입니다."

- 사진 출처: 위키백과

삶이 너무나 소중하다는 것이다. 태양계의 지구에서 나는 기적과 같은 인연에 의해서 생명을 받았다. 빅뱅에서부터 시작된 우주의 시간만 따져도 137억 년이고, 그 후에 우주의 진화에 의해 탄생한 지구의 나이가 45억 년이다. 우리는 그 우주와 지구가 만들어낸 존재이다. 수십억 년의 복잡한 생성, 변화의 과정을 통해서 지구가 만들어지고, 그 지구 안에서 또 수십억 년 복잡한 진화 속에서 생명체로 만들어지고, 또 상상하기 어려운 시간 동안 복잡한 필연과 우연의 결과로, 불교식으로 말해 중중무진(重重無盡)의 연기(緣起)의 결과로, 내가 만들어졌다. 우연이라고 하든, 필연이라고 하든, 137억 년에 걸쳐서 우주가 관여해서 만들어낸 작품이다. 이 부정할 수 없는 사실 하나만으로도 나는 너무도 소중한 존재이다. 엄청난 우주의 크기를 생각했을 때 기적이라는 말도 너무 부족한 귀한 생명체다. 우주와 지구의 나이를 고려한다면 섬광처럼 짧은 세월을 인간의 형태로 살다 사라지겠지만, 그래서 더 찬란한 존재다. 그래서 하루하루를 소중하게 여겨야 하고, 마음껏 생명을 누려야 한다. 나는 우주에게 생명을 요청하지도 않았고, 우주 또한 조건 없이 나에게 생명을 주었기에 어떠한 부채의식도 가질 필요 없으니, 나는 얼마나 자유로운 존재인가!

얼마에 당신의 두 눈을 팔겠는가?

나의 유전자는 아주 오랜 세월 동안 자연과 우리 선조들 사이에 일어난 '자연선택'이라고 하는 인과에 의해 만들어진 것이라고 진화론은 주장한다. 수많은 생명체 중에 내가 지금 이 모습의 생명체로 태어나는 일은 또 하나의 기적에 가까운 낮은 확률이었다. 눈과 귀와 코와 미각과 촉각과 두뇌를 가지고 태어났다는 것은 대단한 행운이다. 언제든지 원하기만 하면, 기기묘묘하게 펼쳐지는 구름 쇼를 볼 수 있고, 그 어떤 무대보다 아름다운 석양을 바라볼 수 있고, 사계절 변화무쌍한 경치를 감상할 수 있고, 사랑하는 사람과 함께 재미있는 영화를 볼 수 있는 눈을 가지고 태어났다는 것은 축복이 아닐 수 없다. 얼마나 감사한 일인가! 내가 원하기만 하면 언제든지 음악을 들을 수 있고, 시냇물 소리, 새소리, 풀벌레 소리를 들을 수 있는 귀를 가지고 태어났다는 것은 큰 행운이다. 다양한 음식을 맛볼 수 있고, 온갖 꽃들의 향기를 맡을 수 있고, 사랑하는 사람의 보드라운 살결을 느낄 수 있는 감각들을 가지고 태어났다는 것은 돈으로 환산할 수 없는 엄청난 축복이 아닐 수 없다. 가정해 보라, 얼마의 가격에 당신의 두 눈을 팔겠는가? 하지만 우리는 평소에 우리가 가진 이 엄청난 자산을 하찮게 여긴다. 우리의 오감을 가지고 누릴 수 있는 소중하고 아름다운 경험들은 하찮게 여기고, 엉뚱한 데에 시간과 에너지를 낭비한다. 넓은 아파트, 값비싼 자동차, 명품 핸드백을 갖기 위해 아침부터 밤까지 치열한 경쟁에 매몰되어 아름다운 석양을 바라볼 여유도 없고, 일상에 널려있는 소중한 것들은 잊은 채 살아간다.

우주적 차원에서 나를 바라볼 때 얻게 되는 다른 장점도 있다. 우주의 시공간을 생각해보면 우리가 심각하게 여기는 것들이 너무나 하찮게 느껴질 수 있다. 우리의 소중한 시간과 에너지를 내 스스로를 고통스럽게 하고 괴롭히는 일에 소모하는 것이 아깝게 느껴진다. 우리가 사소한 것을 가지고 다투고 아등바등 사는 것은 우주적 차원에서 나를 바라보는 습관이 되어 있지 않기 때문이다. 우리가 영원한 시간을 산다면 몇 년을 증오 속에서 보내든, 몇십 년을 보내든 아무런 상관이 없다. 우리에게 무한한 시간이 남아 있으니까. 하지만 기껏 많이 살아봐야 100년이고, 더구나 언제 죽을지도 모른다는 사실을 늘 의식하면서 살아갈 때, 찰나 같은 그 소중한 시간을 사소한 것을 가지고 다투고, 남을 괴롭히거나 스스로 괴로워하는 데 낭비하고 싶은 생각이 사라진다. 기분 좋은 일만 경험하면서 살기에도 부족한 인생에, 별것도 아닌 것을 가지고 남을 미워하고 시기하고 질투하면서 아까운 시간과 에너지를 낭비한다는 것이 얼마나 어리석은 일인가! 그래서 모든 문화권에서 '사랑'과 '용서'를 강조하는 것이 아닐까?

우주적 차원의 나를 생각하라

예수님은 산상수훈을 하시면서 "내가 이르노니 너희 원수를 사랑하며 너희를 미워하는 자를 선대하며 너희를 저주하는 자를 위하여 축복하며 너희를 모욕하는 자를 위하여 기도하라"(누가복음 6장 27-28절)고 말했다. 그리고 서기관들과 바리새인들이 간음하다가 잡힌 여인을 예수님께 끌고 와서, 모세의 율법에 따르면 간음한 여인은 돌로 쳐 죽여야 한다고 말하자, 예수님은 "너희 중에 죄 없는 자가 먼저 돌로 치라" 말했다(요한복음 8장 7절). 이 말을 들은 사람들은 양심의 가책을 느끼고, 나이 많은 사람부터 시작하여 하나씩 떠나가고, 결국 여인과 예수님만 남게 된다. 불교에서도 용서를 강조하는 말이 있다. "죄는 있으나 죄지은 자는 없다"는 말이다. 고정불변의 죄인은 없다는 뜻이기도 하고, 죄에 해당하는 행위는 분명히 존재하지만, 그것을 어느 개인에게만 전적으로 책임을 지울 수 없다는 것이다. 누군가 배가 고파 빵을 훔쳤다면 그 행위는 분명 죄에 해당하지만, 그 사람이 빵을 훔치게 되기까지 여러 가지 원인을 고려해야 한다는 말이다. 그 사람이 자라온 환경, 부모의 역할, 사회의 역할 등 많이 요인들이 개입되어 있다는 말이다. 조금 비약하자면, 그 사회의 구성원 모두가 그 범죄에 연관되어 있다는 말이기도 하다. 이렇게 생각할 때 상대가 나에게 잘못한 것이 있더라도 많은 부분 용서가 되고, 그 사람이 오히려 안쓰럽게 느껴질 수도 있다.

그래서 타인에 대한 미움이나 증오뿐만 아니라 다양한 부정적 감정에 빠져 스스로 괴롭다고 느낄 때 우리는 자신을 한 발 떨어져 바라볼 수 있는 습관을 기르는 것이 매우 중요하다. 자신의 감정 상태를 한 발 떨어져 바라보면서, '아! 내가 지금 무척 화가 나 있구나!', '아! 내가 아무개를 미워하고 있구나', '아! 내가 지금 실의에 빠져 있구나!' 하고 깨닫는 순간, 나의 감정 상태는 대상화됨으로써 나는 그 감정에 매몰되지 않고 거기에서 쉽게 벗어날 수 있다. 바로 그때 우주적 차원의 나를 생각해 보는 것은 아주 유용한 지혜가 된다. 이처럼 짧은 인생인데 그런 부정적인 감정으로 시간을 허비하는 게 아깝다는 생각이 들 수 있다. 우주의 먼지도 되지 않는 존재이고, 찰나 같은 인생이지만, 이 우주를 생각할 수 있고, 하늘과 대자연을 마음껏 감상할 수 있고, 타인과 연대하면서 그를 통해 행복감을 누릴 수 있는 존재라는 사실을 자주 되새길 필요가 있다. 그럴 자유와 권리는 온전히 나의 것이니까.

제2장

나는 누구이며, 어떤 존재인가?

장자(莊子)의 '과학적' 사고

"너 자신을 알라!" 너무나 유명한 소크라테스Socrates의 말이다. 아폴론 신전에도 새겨져 있는 말이니 예부터 인간에

소크라테스(Socrates, BC 469?~BC 399)
"성찰 없는 삶은 살 가치가 없다."
- 사진 출처: 위키백과

게 가장 중요한 가르침이자 화두의 하나라고 할 수 있다. 나에 대해서 무엇을 알라는 말인가? "너의 무지를 알라!"고 한 말로 대체로 이해하고 있다. 그 말을 조금 다른 식으로 표현해 보자면, 우리 인간이 어떤 본성을 지니고 있고, 어떤 한계를 지니고 있는지 자신을 되돌아보라는 말일 것이다. 바꾸어 말하면, 자기가 누구인지 제대로 모르고 인생을 살아가는 사람이 예부터 많았다는 얘기일 수 있다. 그래서 예나 지금이나 인문학의 가장 중심 주제는 '인간이란 어떤 존재인가'이다. 거의 모든 종교도 인간이 어떤 존재인지 직간접적으로 규정하고 있다.

  기독교에서는 인간은 하나님의 창조물이고, 하나님의 모습을 닮게 만들어진 존재이고, 하나님의 뜻에 맞게 살아서 하나님의 나라인 천국으로 가는 것이 인간의 길이자 목표이다. 힌두교에 따르면 우주는 생성, 발전, 소멸을 반복한다. 힌두교의 교의에 의하면 인간 역시 우주 안에서 끊임없이 태어나고 죽기를 반복하며 윤회한다. 인간이라 하더라도 다음 생애에는 짐승으로 태어나기도 하며 천신으로 태어나기도 한다. 이러한 수없이 많은 윤회의 과정에서 사람은 한 생을 살면서 쌓은 업(산스크리트어: Karma)에 의해 다음 생애가 결정된다. 브라흐만교의 윤회 사상과 계급주의에 반기를 들고 나타난 불교에서는 이 세상 모든 것은 평등하며, 인연에 따라 생기고, 변해가고, 사라진다고 본다. 인간 역시 이 우주적 차원에서 얽히고설킨 인연의 산물이니, 그 인연의 원리에 맞게 살고, 죽음을 대하라고 가르친다. 하지만 대부분의 사람들에겐 쉽게 이해하기 어려운 얘기들이다.

특히 오늘날 천문학, 물리학, 생물학의 발전으로 우리가 거대한 우주에서부터 미세한 양자의 세계까지 과학적으로 파악할 수 있게 됨으로써 세계와 인간에 대한 종교적 설명 중에서 많은 부분이 설득력을 잃어가고 있다. 마찬가지로, 지금까지 수천 년 동안 수많은 철학자가 인간에 대해 설파한 내용 중에서 많은 부분이 설득력을 상실했다. 이제 우리 현대인들은 새롭고 다양한 과학적 진실을 접하고 있기에 지금까지 만들어진 철학적, 종교적 주장들의 진위를 가리고 좀 더 진리에 다가가는 기회를 맞이하고 있지 않을까? 우리 인류는 지적으로 다시 한번 코페르니쿠스적 대전환의 시대에 살고 있는지도 모른다. 이미 과거의 수많은 신화와 이론이 자동 폐기되었지만, 정말 이제 머지않아 종교, 과학, 철학, 문학 등 각 분야에서 과거와 현재의 지식과 지혜가 정리되고, 분야 간 긴밀한 소통을 통해 서로 보완이 될 때 전체적으로 인간이 어떤 존재인지 보다 명쾌하게 설명되는 시기가 도래하지 않을까?

나는 어떤 존재인가?

내 자신을 파악해 봐야겠다고 생각했을 때, 소크라테스가 우리에게 강조했던 말을 뒤집어, "'나'는 누구인가? 어떤 존재인가?"라는 질문을 먼저 해볼 수 있을 것이다. 대부분의 사람들은 '너는 누구냐?'라는 질문을 받으면 남들과 구별되는 자신의 얼굴, 키, 몸매 등 신체의 모습이나 생각, 감성, 성격, 취향, 삶의 태도 등 정신적 특징을 먼저 떠올린다. 그 다음 직업, 종교, 국적이나 자신의 가족관계나 인간관계를 생각해본다. 물론 이런 요소들도 우리의 자아를 구성하는 요소가 된다. 하지만 소크라테스가 '너 자신을 알라'고 했을 때 우리가 그런 요소들을 알아야 한다고 의도한 것은 아닐 것이다. 자신의 직업, 나이, 가족관계, 취향 등과 같은 것을 모르는 사람이 누가 있겠는가! 소크라테스가 원하는 것은 '너의 본성과 한계'를 알라는 것이 아닐까?

위에 열거한 자신의 모습이나 직업, 인간관계나 성격적 특성들도 가만히 살펴보면 자신의 정체성을 규정한다고 쉽게 말하기 어렵다. 유아기, 청소년기, 중장년기, 노년기의 모습이 다르듯이 우리의 신체는 시시각각 변해간다. 우리의 취향도 변하고, 생각도 변한다. 평생 한 직업만을 가진 사람도 있지만 여러 직업을 경험하는 사람도 있고, 종교를 바꾸는 경우도 허다하다. 가족관계도 부모 형제가 있는 기간이 있고 없는 기간이 있다. 자식이 태어나고 손자가 태어나면서 자신의 가족관계도 계속 변해간다. 친인척 관계도 생기고 사라진다. 친구, 동료, 지인 등 타인과의 관계 역시 세월이 흐르면서 변해간다. 모든 면에서 고정된 것이 하나도 없다. 결국, 자아를 외모, 사상, 감정, 취향, 직업, 종교, 인간관계 등의 집합이라고 생각하더라도, '나'는 고정된 불변의 요소가 거의 없는, 끊임없이 변해가는 가변적 존재임을 부정할 수 없다. 소크라테스가 "너 자신을 알라!"고 말했을 때, 우리가 알아야 할 것 중에 인간은 끊임없이 변해가는 가변적 존재라는 점도 포함된 것 아니었을까? 평소 자신을 규정한다고 생각했던 요소들조차 고정불변의 것이 아니라 쉼 없이 변해간다는 것을 알라고 한 말은 아닐까?

우리가 자아와 관련하여 스스로에게 흔히 던져볼 수 있는 또 다른 질문은, "'나'라는 존재는 언제 시작되었을까?"이다. 일반적으로 생각하듯 '나'는 어머니 배에서 나올 때 시작되었을까? 그럼 어머니 배 속에 있을 때는 내가 아니었나? 어머니 배 속에 있던 존재가 내가 아니었다면, 누구였나? 그때부터가 '나'라면 결국 어머니의 난자와 아버지의 정자가 결합했을 때 내가 시작된 것인가? 유전학적으로 내 몸의 반은 어머니 몸에서, 반은 아버지 몸에서 온 것이다.

그렇다면 어머니의 몸과 아버지의 몸에서 각각 온 나의 유전자는 언제 시작되었나? 다시 말해 아버지의 정자와 어머니의 난자는 언제 시작되었나? 엄밀하게 따져보면 나의 할아버지와 할머니에서부터, 그 할아버지의 할아버지, 그 할머니의 할머니로 끝없이 거슬러 올라갈 수밖에 없다. 그보다 훨씬 이전인 호모 사피엔스의 출현 때까지 거슬러 올라갈 수밖에 없다. 또 그 이전의 유인원으로... 결국 이렇게 과학적으로 봐도 나라는 존재는 오랜 조상 때부터 아니 그 이전부터 형성되고 있었다. 일반적으로 '나'라는 존재는 어머니 몸에서 나올 때 시작된다는 생각은 그야말로 자의적이고 과학적이지 못한 착각이 아닐까? 끝없이 단절 없이 이어져 온 내 생명의 과정을 임의적으로 다 무시하고 내가 어머니 배에서 나올 때 시작되었다고 하는 것은 너무 비과학적 태도가 아닌가? 무에서 유가 탄생했다는 것인가? DNA, 유전, 수정, 세포분열 등 생명과학적 지식이 상식이 되어가는 이 시대에 나의 생명이 언제 시작되었는가에 대해서 지금까지 일반적으로 가지고 있던 비과학적인 태도에서 벗어나야 하지 않겠는가? 우리 생명의 시작에 대해서 잘못된 생각을 가지고 있으면 잘못된 자아의식으로 발전되고, 잘못된 세계관, 잘못된 생사관으로 이어질 수밖에 없다.

나란 존재는 언제 시작되었을까?

'나'라는 존재의 시작과 죽음과 관련하여, 장자莊子의 '과학적' 사고를 명확하게 알 수 있는 이야기가 『장자』 외편(外篇)의 지락편(至樂篇)에 나와 있다.

장자의 아내가 죽었습니다. 혜시가 문상을 갔습니다. 장자는 다리를 쭉 뻗고 앉아 동이를 두드리며 노래를 부르고 있었습니다.
혜시가 말했습니다.
"같이 살면서 자식을 키우고, 함께 늙어가다가 아내가 먼저 죽었네. 울지 않는 것도 무정한 노릇인데, 동이를 두드리며 노래를 부르다니 너무 심하지 않은가?"
장자가 대답했습니다.
"그렇지 않네. 이 사람이 막 죽었을 때 나라고 어찌 슬프지 않았겠는가. 그런데 삶의 시작을 가만히 생각해 보니 본디 생명은 없었어. 단지 생명이 없었을 뿐 아니라 본디 형체도 없었어. 단지 형체가 없었을 뿐 아니라 본디 기(氣)조차 없었어. 무언가 알 수 없는 것이 저절로 혼합되어 기로 변하고, 기가 변하여 형체가 되고, 형체가 변하여 생명이 되었다가, 지금 다시 변해 죽음으로 돌아간 것이야. 이것은 봄, 여름,

장자(莊子, BC 369?~BC 286)
"나비가 되어 날아다니는 꿈을 꾼 사람이 나인가,
아니면 사람이 된 꿈을 꾸는 나비가 나인가?"
- 사진 출처: 위키미디어커먼스

가을, 겨울 사계절의 변화와 같은 것이지. 이 사람은 이제 천지라는 큰 집에서 편안히 쉬고 있을 뿐이네. 그럼에도 내가 '아이고, 아이고'하며 울부짖는다면 운명(命)에 통달하지 못했기 때문이겠지. 그래서 그쳤다네"(이희경 풀어 읽음, 『낭송 장자』, 북드라망, 2014, 34~35쪽).

2천 3백 년 전에는 이런 생사관이 너무나 생소했을 것이다. 물론 오늘날에도 기(氣)라는 용어는 생소하긴 마찬가지지만, 적어도 분자생물학의 발달로 세포 속 DNA의 생합성, 복제, 전사, 번역이 어떻게 이루어지고 그것이 어떻게 결합이 되고, 분열이 되는지 그 과정이 설명되기 때문에 장자의 생각이 상당히 '과학적'이라는 평가를 내릴 수 있다. 결국 우리 생명의 시작은 어머니의 배에서 나올 때라는 생각은 너무 임의적이고 비과학적이라는 것이다. 사실 우리 생명의 시작은 언제부터인지 그 경계를 짓기가 매우 어렵다.

'나'라는 존재와 관련해서 또 생각해볼 수 있는 것은, 한 생물학적 개체로서 어릴 적 '나'와 지금의 '나'는 어디에 동일성이 있는가 하는 문제이다. 노벨문학상을 수상한 칠레의 시인 파블로 네루다Pablo Neruda는 다음과 같은 시구를 남겼다. "나였던 그 아이는 어디 있을까? 아직 내 속에 있을까, 사라졌을까?" 최근의 생물학에서는 인간의 피부세포는 12일이면 새로운 세포로 바뀌고, 간은 2년, 뼈는 12년이면 전체가 새로운 세포로 바뀐다고 한다. 그러니까 생물학적으로 분명 과거의 나는 현재의 내가 아니다. 그렇다면 나의 몸에서 동일성은 어디에서 찾아야 하는가? 과거의 나를 이루던 세포들은 다 죽어 사라졌는데, 세포들이 수십, 수백 차례 죽고 다시 태어나는데, 내 육신의 죽음은 언제 어떻게

파블로 네루다(Pablo Neruda, 1904~1973)
"시는 미래를 장전한 무기이다."

– 사진 출처: 위키미디어커먼스

시작된다고 봐야 하는가? 우리가 지금까지 내 몸을 변하지 않는 자아라고 생각한 것은 완전 착각이 아닐 수 없다. 이 점에서 '나의 몸'에 대한 개념은 과학적 사실에 부합하지 않는 지극히 주관적인 생각일 뿐이다.

잘 생각해보면, 일정 형태로 지속되는 것(being), 즉 존재(being)를 상정(想定)했을 때 그 존재의 생멸도 당연히 등장하게 된다. 그런데 일정 상태로 지속하는 것이 없다면, 존재는 없고 끝없이 변하는 현상만 있을 뿐이다. 그때는 한 존재의 생멸도 없고 끝없이 이어지는 현상만 있을 뿐이다. 애초에 시작점이 없다고 생각하면 끝나는 점도 없다. 시작이 있다고 생각하니 끝이 있는 것이다. 일반적으로 인간은 자기 존재의 시작이 있다고 생각한다. 내 몸이 '나'고, 내 생각이 '나'라고 믿는다. 문제는 앞에서 따져보았지만, 그 몸의 시작점이 어딘지 단정할 수 없다는 것이다. 몸뿐만이 아니다. 그 개인의 생각도 감성도 살아가면서 계속 바뀐다. 어릴 때 내 생각이나 감성이 청년기의 그것들과 다르고, 장년기의 생각이나 감성은 어릴 적과는 완전히 다르다. 장년기의 생각과 감성은 자기 어릴 때보다는 같은 장년기의 친구 생각과 감성에 더 근접해 있다. 이렇게 내 육체이든, 생각이든, 감성이든 끝없이 지속하는 변화만 있고, 계속 변해갈 뿐이다. 이것이 생명과학과 뇌과학이 우리에게 알려주는 바이다. 결국 우리는 일정하게 지속되는 존재가 아니라 쉼 없이 변해가는 과정, 혹은 현상일 뿐이다. 세계도 마찬가지다. 고정된 것은 아무것도 없다. 그렇게 되면 나를 바라보는 태도는 달라지고, 세계를 바라보는 태도도, 죽음을 바라보는 태도도 달라질 수밖에 없다.

  우리가 고정된 존재가 아니라, 쉼 없이 변해가는 과정 혹은 현상일 뿐이라는 관점과 관련해서, 프란시스코 바렐라

Francisco Varela, 에반 톰슨Evan Thompson, 엘리노어 로쉬Eleanor Rosch는 『몸의 인지과학』(석봉래 옮김, 김영사, 2013, 원제: *The Embodied Mind: Cognitive Science and Human Experience*)이라는 책에서 우리에게 고정된 자아가 없다는 것, 우리의 마음과 인식되는 세계는 상호 영향을 미친다는 것을 역설한다. 또한 저자들은 "자아" 또는 정체성이 고정되고 견고한 실체가 아니라 역동적이고 변화하는 과정이라고 말한다. 이 관점에 따르면 우리가 자아로 인식하는 것은 끊임없이 변화하며, 우리의 경험, 관계 및 우리가 처한 맥락의 영향을 받는다. 간단한 예를 들면, 우리가 가족과 함께 있을 때는 아이처럼 행동하거나 전통적 관습에 따라 행동할 수 있지만, 친구들과 함께 있을 때는 더 편안하고 개방적일 수 있다. 한편 직장에서는 더 전문적이고 공식적인 정체성을 갖고 행동한다. 이처럼 자신을 인식하는 방식의 변화는 자아가 유동적인 것이지, 불변하는 것이 아니라는 것을 보여준다.

나 또한 고정된 존재가 아니고 쉼 없이 변화하는 존재다

또 우리의 마음과 세상은 상호 의존적인 관계에 있다고 주장한다. 쉽게 말해, 각자 마음에 따라 세계는 달리 보이고, 상황이 변하면 우리의 마음도 변한다는 말이다. 그들에 따르면, 마음과 세상은 독립적으로 존재하지 않는다. 즉, 세상에 대한 우리의 인식은 우리의 마음에 영향을 미치고, 또 우리의 마음은 우리가 세상을 경험하는 방식에 영향을 미친다는 것이다. 쉬운 예로, 우리가 슬프면 세상이 칙칙하고 우울한 곳으로 보이지만 우리가 행복하면 같은 주변 환경이 생기와 색으로 가득 찬 것처럼 보일 수 있다. 우리의 정신 상태는 외부 세계의 영향을 받을 뿐만 아니라 그 세계를 경험하는 방식에도 영향을 미친다는 것이다.

생물학적 개체로서 '나'에 대한 우리의 통념도 비과학적이라는 점이 오늘날 밝혀지고 있다. 최근 미생물학의 발견에 따르면, 우리 인체는 270가지 종류의 세포 약 100조 개로 이루어져 있지만, 인체 속에는 미생물이 4천에서 1만 종류 이상이 150~500조 개 살고 있다. 다시 말해 우리 몸에는 세포 수보다 더 많은 미생물이 공존하는 것이다. 우리 몸은 수많은 생명체가 얽히고설킨 복잡한 공생체라는 것이다. 몸 세포만을 내 몸이라고 할 수 있을까? 미생물을 제거한 나는 존재할 수 있을까? '나'는 몸 세포와 미생물로 이루어진 공생체라고 보는 것이 과학적 진실이다. 우리 몸에서 미생물들이 하는 중요한 역할이 점점 드러나고 있다. 내장 속에서의 여러 가지 기능은 물론 뇌의 기능에까지 관련된 것으로 밝혀지고 있다. 어쩌면 우리가 술을 먹은 다음 날

자장면보다는 국물 있는 우동이나 짬뽕을 주문하는 것은 나의 자유의지가 아니라 미생물들의 요구인지도 모른다.

일반적으로 사람들은 경쟁에서 가장 선두에 있는 듯이 보이는 인류가 가장 진화된 생명체라고 생각한다. 하지만 세포 생물학의 권위자인 린 마굴리스L. Margulis(1938~2011)와 진화론자 도리언 세이건D. Sagan의 저서 『생명이란 무엇인가?』(서인석, 황상익 옮김, 리수, 2016, 원제: *What is life?*)에 따르면, 우리 인간도 고대의 박테리아 공동체가 유전자의 생존을 위해 만들어 낸 기술적인 장치에 불과하다. 인류는 박테리아가 지구에 번창하던 시대부터 나온 복잡한 네트워크의 일부다. 우리의 힘과 지능은 인류에게만 속한 것이 아니라 모든 생명에 속한 것이다. 저자들에 따르면, 태초의 생명인 박테리아는 끝없이 번식하며 주변 환경을 변화시켰다. 오랜 시간에 걸친 환경의 변화는 스스로에게 위협이 되었으며 그러한 상황에서 박테리아는 매번 문제를 해결해 나가 생명 진화의 계기로 삼았다. 그리고 박테리아끼리 서로 잡아먹고 먹히는 과정을 거치며 다세포 생물로 진화해 나갔다. 동시에 이들 박테리아들은 포식자의 몸속에서 살아남아 포식자와 함께 또 다른 생명체로 진화해 나갔다. 세포 내 공생설(endosymbiosis)에 생물학계는 초기에 냉담한 반응을 보였지만 이제 세포 내 공생설은 정설로 받아들여지고 있다.

린 마굴리스의 1999년 국가과학상 수상 장면
- 출처: Lynn Margulis, wearing her National Medal of Science Award.
Credit...Paul Hosefos/The New York Times

박테리아는 끝없이 변화하는 환경에 적응하며 다양한 생물 진화의 바탕을 만들고 또 오늘날에도 각 생명체들과 공생의 관계를 맺고 있다. 지금의 생명체들은 개별 생명체가 아니라 다른 생명체 특히 박테리아와 공생명체이다. 지구의 생명은 다른 종과 공생하는 관계를 맺으며 지금과 같이 무수히 많은 종으로 진화하였다. 결국 진화의 선두 주자는 따로 없다, 모두가 동등한 진화의 여정을 걷고 있는 동반자들이다.

나는 내 몸 세포와 미생물로 이루어진 공생체

이처럼 마굴리스는 다윈의 적자생존론에 대해 문제를 제기한다. 다윈Charles R. Darwin이 말한 진화론의 핵심은 경쟁을 통하여 환경에 적응한 개체가 살아남는다는 적자생존이다. 하지만 마굴리스에 따르면, 시베리아 벌판의 혹독한 추위 속에서도 살아남아 자신의 유전자를 퍼뜨릴 수 있었던 물새나 사슴은 다른 개체보다 더 강한 체력과 면역력으로 경쟁에서 이겼기 때문이 아니다. 이들이 혹독한 환경에서도 살아남은 것은 개체의 힘이 아니라 무리가 얼마나 잘 협력하는가에 따른 결과였다. 유전자 보존의 문제는 개체의 문제가 아니라 집단으로서 종이 살아남는가 살아남지 못하는가에 의해서 결정된다. 린 마굴리스는 생명이란 끝없이 확장하며, 영역확장은 항상 새롭고 어렵기 때문에 종들이 서로 협력함으로써 생명의 지평을 확장했다고 말한다. 그녀는 일관적으로 '생명은 공생명', 다시 말해, 생명은 공생의 결과물이라고 주장한다. 진화에서 협력의 중요성에 대해 마굴리스보다 먼저 역설한 학자가 있었다. 19세기 러시아의 동물학자 케슬러K. F. Kessler 교수는 생명의 진화에서 경쟁 못지않게 상호 협력이 중요한 요소라는 것을 주장하면서, "더 많은 개체들이 함께 모이면, 서로 더 많이 도울 수 있고,

찰스 R. 다윈(Charles R. Darwin, 1809~1882)
"인간은 자연의 일부로서, 자연에 의해 형성된 존재이다."

− 사진 출처: 위키백과

지능적으로 더욱 더 발달할 수 있을 뿐만 아니라 그 종들이 살아남을 기회를 더 많이 갖게 된다"고 주장했다.

모든 생명체가 진화의 여정을 같이 걷고 있는 동반자라는 린 마굴리스의 주장을 다른 말로 바꾼다면, 지구상의 생명들은 긴밀하게 연결된 하나의 거대하고 복잡한 네트워크라고 할 수 있을 것이다. 이 사실을 증명해 주는 예들은 셀 수 없을 정도로 많다. 어떤 기생충은 최종 목표 숙주가 새인데, 물속에 있다가 개구리알이 부화하여 올챙이가 되었을 때 진입해, 올챙이가 개구리가 되면 개구리 다리를 불편하게 만들어 쉽게 도망가지 못하게 만든다. 그렇게 해서 그 개구리는 새에게 쉽게 잡아 먹히게 되고, 기생충은 최종 숙주인 새에게 옮겨가는 목표를 달성한다. 어떤 새의 몸속에 있는 기생충은 다른 새로 옮겨가기 위해서 새똥에 섞여 나오고 새똥을 좋아하는 개미에게 먹힌다. 그 다음 개미의 엉덩이에 알을 까고 그 개미의 엉덩이 색을 붉은 베리 색으로 변하게 하여 다른 새가 베리로 착각하여 먹게 만들어 번식을 확장해 간다. 어떤 기생충은 고양이가 최종 목표 숙주인데, 쥐에게 침투한 뒤 쥐의 뇌를 조작하여 쥐가 고양이도 무서워하지 않게 만든다. 그렇게 해서 쥐가 고양이 앞에서도 무모한 행동을 하게 만들어 결국 고양이에게 잡아먹히게 됨으로써 최종 숙주로 옮겨가는 목표를 달성한다. 이 얼마

나 환상적인 네트워크인가!(EBS 다큐 〈기생충의 전략〉)

지구상의 생명들은 하나의 거대하고 복잡한 네트워크

인간의 몸과 몸속에 있는 100조 개 이상되는 미생물 사이에도 우리가 상상할 수 없는 복잡한 네트워크가 존재하지 않을까? 그 네트워크 자체가 내가 아닐까? 최근에는 우리 몸속의 미생물이 파킨슨병이나 치매 같은 병에도 깊이 연관된 것으로 밝혀지고 있다. 나의 행동은 나의 의지에 따른 것인가, 미생물의 의지에 따른 것인가? 이런 생물학적 사실은 소크라테스도 전혀 상상하지 못했을 것이고, 어떤 종교도 생각하지 못했을 것이다. 비록 우리의 눈에는 잘 보이지 않지만, 미생물들의 존재는 명확한 과학적 사실이고, 우리 몸은 하나의 공생체라는 것도 이제 엄연한 사실로 받아들이지 않을 수 없다. 우리가 스스로를 독자적인 개체로 인식한다는 것은, 지구가 평평하다고 여기는 것보다 더 심한 착각이라고 하지 않을 수 없다.

호모 사피엔스가 지금 번성한 종으로 자리 잡은 것도 바로 상호 협력을 어떤 종보다 잘했기 때문이 아닐까? 그런데 전 세계가 서구식 근대화를 수용한 이후 오늘날까지 개인주의, 능력주의, 적자생존 등이 너무나 당연한 기준이 되고 존중받는 가치가 되어버렸다. 인류가 자행한 환경 파괴로 인류뿐만 아니라 지구상 많은 종이 멸종 위기를 맞게 된 것도 협력과 공생이라는 우리의 본성을 망각하고 경쟁적 가치들을 신봉하고 살아온 결과가 아닐까? 특히 우리나라는 능력주의와 극심한 경쟁의 결과로 세계 최고의 자살률과 세계 최저의 출산율을 기록하면서 국가의 존립마저 걱정하지 않을 수 없는 상황에 이르렀다. 만약 케슬러 교수의 말대로 많은 개체들이 함께 할 때 더 많이 도울 수 있고, 지능적으로 더 발달할 수 있고, 살아남을 기회를 더 갖게 된다면, 회사든, 사회든, 국가든 경쟁과 개인주의만을 부추길 것이 아니라 협력과 공생도 중요한 가치로 내세워야 하지 않을까?

나와 나의 환경은 한 몸

'나는 누구인가?'라는 질문에 답하기 위해서 인간과 그 인간을 둘러싼 환경과의 관계에 대해서도 생각해볼 필요가 있다. 스페인의 사상가 호세 오르테가 이 가세트^{José Ortega y Gasset}는 『돈키호테에 대한 성찰』(신정환 옮김, 을유문화사, 2017, 원제: *Meditaciones del Quijote*)에서 "나는 나 자신과 나의 환경(circunstancia)이다, 만약 내가 환경을 지켜내지 못하면 나도 지켜낼 수 없다"라고 말했다. 인간은 자기 환경과 분리되어 존재할 수 없다는 말이다. 한 개인은 '자아와 그의 환경'의 통합체라는 것이다. 인간은 그를 둘러싼 환경과 끊임없는 상호작용 속에서 존재하며, 그 관계의 결과물이라는 것이다. 그가 말하는 '환경'은 우리 인생이 전개되는 물리적 환경과 비물리적 상황을 모두 포함한다. 정치적, 사회적, 문화적, 공간적, 물리적 여건뿐만 아니라 시간적 상황도 포함한다. 개인의 '현재 순간'과 인생의 과거도 포함될 뿐만 아니라 그가 속한 역사적, 가족사적 상황도 포함한다.

호세 오르테가 이 가세트(José Ortega y Gasset, 1883~1955)
이성과 삶의 통합을 추구한 '생명 이성주의(Raciovitalism)' 철학자
— 사진 출처: 위키백과

따라서 '자아-환경' 통합개념은, 한 개인을 파악할 때에는 여러 요소가 결합하여 상호 의존적인 관계에 놓여있는 총체로 이해해야 한다는 것을 강조한다.

한 개인은 자신이 속한 나라의 역사, 정치, 경제, 문화, 그의 가족사 등을 배제하고 생각할 수 없다는 것이다. 동양이든 서양이든, 일반적으로 처음 외국인을 만나면 어느 나라에서 왔느냐고 묻는다. 그 다음은 가족관계를 묻는다. 그것은 그 사람의 정체성에 국가와 가족이 차지하는 비중이 크다는 증거다. 그 사람의 외모와 신체만을 가지고 그 사람을 규정할 수 없다는 반증이다. 나를 만들어준 중요한 환경이자, 지금의 나를 구성하고 있는 주된 요소는 국가와 가족이라는 것이다. 국가가 탄생하기 이전 시대는 상황이 달랐겠지만, 요즘은 국가를 알면 그 사람이 사는 지리적, 사회적, 문화적 환경을 여러 가지로 짐작해볼 수 있기 때문이다.

  최근 경제학자들의 연구에 따르면, 한 개인의 소득 중 50%는 그가 속한 국가가 만들어준 것이며, 30%는 부모나 다른 환경이 만들어준 것이고, 20% 정도만 자신의 노력으로 이룬 것이라고 한다(홍콩과기대, 김현철 교수). 이 연구는 자연스럽게 국가에 감사하는 마음으로 세금을 내야 하고, 부모님께 감사해야 한다는 권고로 받아들일 수 있다. 동시에 국가는 한 개인의 경제적 수준을 짐작하게 해주는 결정적 요소라는 점을 일깨워 주는 것이기도 하다. 예를 들어보자. 6.25 전쟁 직후인 1953년, 1인당 연평균 국민소득이 67달러이던 우리나라는 세계 최빈국 중의 하나였다. 그때 국민 다수가 하루 세끼를 때우기 힘들었고, 겨울에는 온몸이 추위에 노출되어 있었다. 현재 아프리카의 빈국 상황이 바로 우리의 상황이었다. 그때는 생일날이나 먹을 수 있는 하얀 쌀밥이 밥상에 있으면 눈이 부셨다. 하루 세끼 쌀밥만 먹을 수 있으면 지상 낙원이 따로 없을 거라고 생각했다. 그 당시 개인이 자가용을 갖겠다는 생각은 꿈도 꿀 수 없는 일이었다. 하지만 우리나라가 인류 역사상 유례없을 정도로 급속히 발전해서 선진국 반열에 올랐기 때문에 오늘날 우리 국민은 그때와 비교해 500배 이상의 소득을 얻고, 편리한 삶을 영위할 수 있게 되었다. 이제 못사는 나라의 국민에서 잘사는 나라의 국민으로 나의 경제적 정체성이 달라진 것이다. 나라가 잘되어야 내가 잘 산다는 것을 대표적으로 보여주는 사례다.

또 해외에 오랜 기간 머물다 보면 김치와 된장찌개가 그립고, 자장면이 그립게 되는데, 그것은 내가 한국이라는 환경 속에서 자라왔기 때문이다. 맛과 관련된 나의 취향, 정서는 그렇게 환경 속에서 형성되는 것이고, 지금 나의 문화적 정체성을 구성하고 있다. 오늘날 세계화된 대한민국에서 자란 젊은 세대들은 맛과 관련된 취향도 세계화되어 있다. 김치를 덜 먹고 파스타나 피자를 먹으며, 오래 동안 안 먹으면 먹고 싶은 생각이 날 정도이다. 세계화된 환경이 자신의 취향으로 된 것이다. 음악도 마찬가지다. K-Pop은 세계화된 한국의 음악적 감성을 표현하고 있다. 오늘날 K-Pop을 즐기는 젊은 세대는 판소리와 창을 듣던 조상들과 정

정범태, 〈우유가루 배급〉, 서울 만리동, 1955
– 출처: https://blog.naver.com/nahasa1/60175541855

서적으로 상당히 이질감이 있다. 차라리 동시대 K-Pop을 즐기는 다른 나라 젊은이들과 문화적 정체성은 더 근접하다는 말이 옳을 것이다. 그래서 50년대에 외국에 나가서 'From Korea'라고 했을 때와 오늘날 'From Korea'라고 했을 때 나의 경제적, 문화적 정체성은 완전히 다르게 인식될 것이다.

이처럼 과거 가난했던 시절의 경험들과 기억들이 만든 나의 세계관과 취향은 현재 나의 육체적 정신적 삶이 펼쳐지고 있는 대한민국의 현실과는 동떨어져 있다. 이와 같이 환경을 나와 분리해서 나의 정체성을 말할 수 없다는 것이 오르테가 이 가세트의 생각이다. 경제적이든, 문화적이든, 물리적이든 자신을 둘러싼 환경을 배제한 '나'의 정체성은 상상할 수 없다. 결국 나와 나를 둘러싼 환경은 분리할 수 없는 한 덩어리라는 결론에 도달하게 된다.

나를 둘러싼 환경을 배제한 나의 정체성은 상상할 수 없다

나와 나를 둘러싼 환경은 하나라는 것, 더 확장해서 온 인류는 한 몸이라는 것을 강조하는 유명한 시가 있다. 『누구를 위하여 종은 울리나』라는 제목은 헤밍웨이의 소설 제목이자 영화 제목으로 잘 알려져 있지만, 사실은 영국 성공회의 성직자이며 시인이었던 존 던John Donne(1572~1631)의 『비상시를 위한 기도문』에 나오는 '묵상 17'이란 시의 한 구절이다.

어느 사람도 그 혼자서는 온전한 섬이 아니다.
모든 사람은 대륙의 한 조각, 본토의 일부이니.
흙 한 덩이가 바닷물에 씻겨 내려가면,
유럽 땅은 그만큼 줄어들기 마련이다.
한 곶(岬)이 씻겨 나가도 마찬가지고,

공화파 군대가 아라곤의 테루엘을 점령한 뒤 병사들과 승리의 기쁨을 나누고 있는
헤밍웨이(가운데) - 출처: https://blog.naver.com/kenpa44/223160229614

그대의 친구나 그대의 영토가 씻겨 나가도 마찬가지다.
어떤 사람의 죽음도 그만큼 나를 줄어들게 한다.
나는 인류에 속해 있기 때문이다.
그러니 누구를 위하여 조종이 울리나 알려고 사람을 보내지 마라.
그것은 그대를 위하여 울리는 것이니.

헤밍웨이Ernest Hemingway(1899~1961)의 소설 『누구를 위하여 종은 울리나』는 스페인 내전(1936~39)을 배경으로 전개

된다. 스페인 내전이 일어나자 50여 개국에서 3만 명 이상의 젊은이들과 지식인들이 스페인 공화주의 정부를 지원하기 위해 모여들었다. 그들은 스페인 내전에서 자유와 민주주의를 구원해 내는 것이 곧 자신들의 일이라고 생각했기 때문이다. 헤밍웨이도 그중 한 명이었다. 소설의 주인공인 젊은 미국인 로버트 조던은 프랑코가 이끄는 파시스트 군대의 진격을 저지하기 위해 다리를 폭파하는 중요한 임무를 받고 게릴라 전사들의 무리에 합류한다. 자살 행위에 가까운 임무 앞에서 로버트 조던은 삶과 죽음, 대의를 위한 개인의 희생 등의 문제에 대해 처절하게 고민하게 된다. 임무를 수행하는 과정에서 심하게 부상당한 로버트 조던은 다른 사람들이 탈출할 수 있도록 뒤에 남기로 결심한다. 이미 제목에서 드러나듯이, 헤밍웨이는 로버트 조던과 그의 게릴라 전사 집단의 이야기를 통해, 우리 인류는 전체가 한 몸이라는 것, 그리고 개인의 희생과 연대 위에서 자유와 민주라는 가치를 지켜낼 수 있다는 것을 강하게 암시하고 있다.

앞에서 언급했듯이 내가 여러 층위의 관계에 의해 규정된다면, 그것이 내 몸속에 있는 수많은 미생물들과 맺는 관계든, 주변의 사람들과 맺는 관계든, 나를 감싼 환경과 맺는 관계든, 나와 맺는 그 관계의 대상들이 바뀌면 내가 바뀐다. 나도 모르는 사이, 나의 의지와는 상관없이 나는 쉼 없이 바뀌고 있다는 결론에 도달한다. 인간은 생물적, 심리적, 사회적, 환경적 요인의 상호작용으로 인해 끊임없이 변화하는 존재라는 결론에 도달할 수밖에 없다. 인간의 신체와 사고와 행동에 지속적이고 역동적인 방식으로 관여하는 수많은 요인이 있다는 사실을 우리는 인정해야만 한다. 비록 소크라테스는 몰랐을지라도... 그래야만 자기 처지에 맞게, 본성에 맞게 살아갈 것 아니겠는가? 그것이 바로 이 세상의 이치에 맞는 삶이 아닐까? 그런데 왜 우리는 나와 타인을 차갑게 나누고, 나와 환경을 구별하고, 나와 자연을 대립적으로 설정하는 협소한 자의식을 가지게 되었을까?

  예수님은 이웃을 내 몸과 같이 생각하고, 이웃을 형제처럼 대하라고 하셨다. 지위 고하를 막론하고, 직업의 귀천을 떠나서, 사회적 평판을 떠나서 모든 사람을 평등하게 대하셨다. 그리고 당신이 인류의 죄를 씻어주기 위해서 자신의 목숨을 바쳤다. 오늘날 현대 자본주의를 살아가는 우리들의 태도와는 사뭇 다르다. 지금 우리에게 이웃은 누구인가? 아파트에서는 옆집에 사는 사람도 누구인지 서로 모르는 경우가 흔하다. 서로 긴장과 경계 속에서 상대가 나의 이익과 영역을 침해하지 않는지 신경을 곤두세우고 살아가고 있다. 직장에서 동료는 말이 동료이지 경쟁 상대다. 내가 진급하기 위해서는 상대를 이겨야 한다. 인생을 배우고 준비하는 학교에서도 말이 친구이지 치열한 경쟁 상대다.

성경을 보면 인간 중심적 세계관도 많이 담겨 있음을 부정할 수 없다. 창세기에서 인간이 신의 형상을 닮도록 창조되었으며, 하나님은 인간에게 "땅을 정복하고 모든 생물을 다스리라"는 명령을 내렸다. 이는 자연을 인간이 지배하고 활용해야 할 대상으로 인식하게 했다. 근대 이후 서구 사회에서 기독교의 영향력이 약화 되면서, 인간 중심적이고 세속적인 가치관이 더욱 강화되었다. 세속화는 전통적인 도덕적 기준을 약화시키고, 개인의 자유와 권리를 강조하는 방향으로 나아갔다. 이는 개인주의적 사고를 강화시켰다. 개인주의적 사고는 오랜 시간 동안 집단적 동물로 진화해 온 인간의 본성에 반하는 사고방식이다. 당연히 집단주의가 체화된 인간의 본성과 엄청난 갈등과 혼란을 초래할 수밖에 없다.

어떻게 인간은 협소한 자의식을 갖게 되었나?

서구 근대철학의 아버지라고 불리는 르네 데카르트[René Descartes](1596~1650)는 "나는 생각한다, 고로 존재한다"라는 유명한 말을 남겼다. 생각하는 인간, 이성적인 인간을 강조하는 명제이다. 아마 중세의 신 중심 세계관에 대립되는 존재론이라고 할 수 있다. 인간의 이성에 대한 신뢰, 코페르니쿠스Nicolaus Copernicus(1473~1543)의 지동설을 비롯한 자연과학의 발견과 기계론적 인식론이 발전하던 시기를 잘 반영하는 명제라고 할 수 있다. 그 명제를 바탕으로 인간 이성과 감각에 대한 신뢰는 무한히 커져만 갔고, 산업혁명과 과학의 발전이 이루어졌다. 자연과의 관계에서도 인간 중심적 사고는 강화되었다. 자연은 공존의 대상도 아니요, 나의 일부는 더욱 아니었다. 그저 개발의 대상이요, 재산 축적의 수단일 뿐이다. 서구 자본주의가 심화되는 과정에서 개인 중심적 사고도 더욱 심화되었고, 나와 타자의 경계는 더욱 뚜렷해져 갔다. 집단적 동물로서 인간의 본성은 점점 도외시되고 잊혀져갔다. 집단주의적 사고는 사회 발전과 경제 성장에 저해가 되는 잘못된 사고로, 배척되어야 할 미개한 속성으로 치부되었다.

산업화는 인간이 협소한 자의식을 강화하게 되는 주요한 배경이었다. 산업화는 농업 사회에서 산업 사회로의 전환을 가져왔고, 이는 도시화와 함께 자연과의 직접적인 접촉을 줄였다. 도시 생활은 자연과의 단절을 초래하고, 자연을 일상생활에서 분리된 대상으로 보게 했다. 자연은 이제 자기 삶의 터전이 아니게 되었다. 동시에 현대 사회가 갈수록 복잡해지고 분업화와 단순화가 가속화되면서 개인은 자신의 역할에만 집중하게 되고 전체를 바라보는 기회가 줄어들게 되었다. 이는 타인과의 상호 의존성을 약화시키고, 개인주의적 성향을 강화시켰다. 나아가 산업화에 따른 핵가족화와 개인화된 사회 구조는 전통적인 공동체 의식을 약화시키는 반면, 개인의 독립성과 자율성을 강조하게 되었다.

동시에 현대 사회는 개인의 성취와 자아실현을 중시한다. 이는 타인과의 경계를 분명히 하고, 자아를 중심으로 사고하게 만든다. 복잡한 현대 사회에서 사람들은 자신을 보호하기 위해 심리적 방어기전을 형성한다. 현대 사회의 소비문화는 물질적 풍요와 개인의 만족을 추구하게 하며, 이는 자연과 타인을 나와 긴밀하게 연관된 존재로 여기고 배려하는 관점보다는 개인의 욕구 충족을 우선시하게 만든다. 광고와 마케팅은 개인의 욕구를 무한히 자극하고, 물질적 소비를 촉진한다. 이러한 현대인의 일상은 자원 소비와 자연 착취를 정당화하는 문화를 형성할 수밖에 없다. '나와 나의 환경은 한 몸'이라는 생각은 도저히 이해할 수 없는 너무나 기이한 말로 여겨지는 상황에 이르게 되었다.

고정된 실체로 존재하는 사물은 없다

 서구적 세계관과는 다르게 나와 타인, 나와 세계는 하나라는 생각이 불교적 세계관의 핵심을 이룬다. 나와 우주가 하나라는 생각이다. 나와 대상이 서로 분리하여 존재할 수 없는 불가분의 관계라는 것이 불교의 가장 중심적인 인식론이자 존재론이다. 즉 나는 우주의 일부로서 내가 없는 우주는 생각할 수 없고, 우주 없는 나 또한 생각할 수 없다. 불가분의 한 덩어리다. 불교에서 흔히 사용하는 은유는 바다와 파도이다. 이 우주가 바다라면 나는 파도이다. 파도는 곧 바다의 일부이다. 잠시 일어났다 사라지는 파도. 일어났을 때도 바다의 일부요, 사그러져도 바다이다. 나는 이 우주의 많은 인연의 결과로 생겨나고 변하고 사라진다. 그래서 내 몸은 우주적 차원의 인과관계 속에서 생성되고 존재하고, 변해간다는 것이다.
 나의 감각이 없다면 대상 즉 세계도 인식되지 않고, 반대로 대상 즉 세계가 없었으면 나의 감각도 생기지 않았을 것이다. 즉, 감각, 대상, 생각은 한 덩어리다. 우리와 세상은 그렇게 불가분의 관계를 맺고 있다. 어느 하나가 사라지면 그와 관련된 다른 것도 존재하지 않는다. 이 세상의 다양한 색깔이 다 없어지고 오직 한가지 색만 드러난다면 색깔을 구분하는 눈의 기능은 사라질 것이다. 이 세상에 모든 소리가 사라진다면 귀의 기능도 사라질 것이다. 보고 듣는 능력이 없는 존재에게 색과 소리는 존재하지 않는다. 하나가 없어지면 다른 하나도 사라진다. 이렇게 눈과 색깔, 귀와 소리, 미각과 맛의 관계는 불가분의 관계이다. 우리가 가진 눈, 귀, 미각, 촉각 등이 감지할 수 없는 범위는, 실제로는 물리학적으로 파동이나 에너지로 존재할지라도, 우리에게는 존재하지 않는 것과 마찬가지다. 사실 우주 속에 있는 빛의 파동 중에서 우리가 감지할 수 있는 것은 10% 정도에 불과하다고 한다. 그 10%로 우리는 빛의 세계를 구성하고 인식하고 있을 뿐이다. 만약 우리가 우주 속 빛의 파동을 80% 인식할 수 있는 존재라면 우리에게 드러나는 세상은 전혀 다른 모습의 세상이 될 것이다. 만약 우리가 현미경같이 미세한 것을 볼 수 있는 시력을 가졌다면, 우리에게 드러나는 세상은 전혀 다른 세상이 될 것이고 세상에 대한 우리의 인식도 행동도 완전히 달라질 것이다. 결국 나의 감각기관과 인식은 환경과 관계 속에서 형성된 것이다. 진화론적으로는, 나의 존재가 생존하고 번식하는 데 필요한 환경을 인식하는 기능은 생기고 발전하고, 그렇지 않은 것은 인식조차 하지 못하게 된 것이다. 결국 내가 인식하는 세계는 나의 생존에 필요한 것을 필요한 방식대로 인식한 것에 불과할 뿐, 실제로 그렇게 존재하는 것은 아니다. 내 주위의 환경을 인식하는 감각기관도 나의 생존에 맞게 진화해 온 것이다. 결과적으로 나의 인식과 세상은 서로 긴밀하게 한 덩어리로 얽혀 생성된 것이다. 분리될 수 없는 동전의 양면과 같은 것이다. 인식하지 못하는 세상은 존재하지 않는 것으로 여긴다.

불교의 유심론(唯心論)을 지나치게 강조하는 입장에서는 우리가 느끼지 못하는 세계는 아예 존재하지 않는다고까지 주장한다. 이 우주는 오로지 우리의 인식이 만들어내는 것에 불과할 뿐, 내가 없으면 세계는 존재하지 않는다고 한다. 마치 우리가 잠자는 순간 세계는 사라지고, 우리가 눈을 뜨는 순간 다시 창조된다는 식이다. 세상은 우리의 의식에 의해 창조된 것 이상도 이하도 아니라는 주장이다. 하지만 오늘날의 과학적 인식으로는 받아들이기 어렵다. 양자역학의 선구자인 슈뢰딩거Erwin R. J. A. Schrödinger는 세계는 인간의 감각과 지각과 기억으로 만들어낸 구조물이라고 규정하면서 인간 인식의 한계에 대해서도 말했지만, 우주 존

에르빈 슈뢰딩거(Erwin R. J. A. Schrödinger, 1887~1961)
"고양이는 살아 있으면서도 동시에 죽어 있다."

− 사진 출처: 위키백과

재 자체를 인식의 산물이라고 보지는 않았다. 불교의 한 분파에서는 '어떤 생각을 하고 있는 자아, 감정을 느끼고 있는 자아'를 한 발 떨어져서 바라보는 자아를 '진정한 자아', '우주적 자아', 또는 변덕스런 감정에 휘둘리지 않는 '변함 없는 자아', '참나', '진정한 주인'이라고 여긴다. 이 또한 과거 인간의 뇌가 자기의 사고 과정과 내용에 대해 스스로 돌아볼 수 있는 자기 반성적 사고 능력이 있다는 것에 대해서 몰랐던 시기에 인간의 인식에 대해 나름 고뇌한 흔적일 뿐, 현대 뇌과학의 차원에서 보면 받아들이기 어려운 견해이다(https://www.bulkyo21.com/news/articleView.html?idxno=25899).

『장자』에서도, 뇌의 기능과 역할을 몰랐기 때문에, 우리의 감정이 어떻게 일어나는 지에 대한 깊은 고민이 잘 드러나고 있다. 제물론(齊物論)에는 다음과 같은 내용이 있다.

기쁨, 노여움, 슬픔, 즐거움, 염려, 후회, 변덕, 고집, 아첨, 방자, 내세움, 꾸며댐, 이것 모두 음악소리가 피리구멍에서 나오고, 버섯이 습한 기운에서 자라듯 밤낮으로 눈앞에 번갈아 펼쳐지지만 그 이유를 알 수 없습니다. 알려고 하지 마세요. 우연히 이렇게 되는 것이 이것이 생기는 이유입니다.

....

감정이 없으면 내가 없고, 내가 없으면 감정도 생겨나지 않습니다. 이것은 사실에 가깝지만 이것만으로는 감정의 변화를 만드는 것이 무엇인지 알 수 없습니다. 따라서 참된 주재자(眞宰)가 있는 듯하나 그 조짐을 알 수 없고, 그것이 움직이고 있다는 것은 분명한데 형태는 보이지 않습니다. 정황은 있으나 형상은 없는 셈입니다.

우리 몸에는 백 개의 뼈마디, 아홉 개의 구멍, 여섯 개의 장기가 갖추어져 있습니다. 우리는 그중 어떤 것을 소중히 여길까요? 그대는 모든 것을 소중히 여기나요? 아마도 사사로움이 있지 않겠습니까? 그렇다면 다른 모든 것은 신하나 첩이 되나요? 신하나 첩은 서로 다스릴 수 있을까요? 돌아가며 군주도 되고 신하나 첩이 되나요? 참된 군주(眞君)가 있는 것일까요? 그 실상(情)을 알든 모르든 진실에 영향을 끼치진 못합니다(이희경 풀어 읽음, 『낭송 장자』, 북드라망, 2014, 148~49쪽).

고대 철학과 종교의 약점

오늘날의 뇌 관련 지식은 불교, 도교뿐만 아니라 고대 동서양의 어떤 종교도, 어떤 철학자도 상상하지 못했던 부분이다. 오늘날 뇌과학의 입장에서 보면, 고대 종교와 철학의 중요한 허점들이 뇌의 기능과 관련된 지점에서 노출된다고 할 수 있다. 인간 몸을 형성하는 세포들은 지속적으로 죽고 새로 태어나지만 뇌세포는 바뀌지 않고 그 세포가 사라질 때까지 지속된다. 그래서 '자아'의식은 기억의 집합체라고 말하기도 한다. 어릴 때의 기억에서부터 최근까지의 기억들을 모아 우리는 '나'라는 자아의식을 가진다는 것이다. 물론 그 기억조차 흐릿하고, 무의식적으로 자기에게 유리한 쪽으로 바꾸기도 한다. 그래서 나의 기억이라고 해서 사실이라는 보장이 없고, 자서전이라고 해서 그 내용을 다 믿기는 어렵다는 말이 나온 것이다. 그리고 우리의 뇌는 정보를 해석하고, 감정을 느끼고, 존재하지 않는 것을 상상하는 것뿐만 아니라, 그러한 두뇌활동을 하고 있다는 것조차도 매 순간 인식할 수 있다. 그런 뇌의 활동을 한 발 떨어져 관찰할 능력도 있다. 인간만이 가진 반성적 사고라고 할 수 있다. 자신의 사고 내용이나 사고 과정, 문제해결 과정, 그리고 그 결과에 대해 생각하는 사고 능력이다. 원숭이나 개도 어떤 감정을 느끼고, 생각이 있을지는 모르나 그 느낌이나 생각을 한 발 떨어져 관찰할 능력, 즉 반성적 사고 능력은 없을 것이라고 추정된다.

진화심리학에 따르면, 장자가 몰라서 고민했던 우리의 감정도 진화의 산물로서, 인간은 생존과 번식을 위해 좋은 감정은 다시 추구하고 싫은 감정은 회피한다. 감정이 없으면 우리는 행동을 결정할 수 없다. 그러니까 감정은 우리의 행동지침서이다. 예를 들어, 우리가 높은 절벽이나 다리 위에 올라가면 두려운 감정이 든다. 이 두려움은 죽음과 부상을 피하게 해주는 감정이다. 그 두려운 감정을 무시하면 부상을 당하거나 죽음을 맞이하게 된다. 맛있는 느낌은 좋은 감정으로 기억되고, 다시 그 맛을 추구하게 만든다. 그래서 그 맛을 또 느끼기 위해 원시인들은 사냥에 나섰고, 우리 현대인들은 돈을 번다. 동물의 사고와 감정은 행동을 유도하는 장치이기도 하다. 그래서 멍게는 유충일 때는 뇌가 있지만 바위에 착생하는 순간 움직임이 필요 없어지기에 자기 뇌를 먹어버린다. 사회적 동물인 인간은 원시시대부터 무리에서 벗어나면 죽음이라는 것을 알기에 사람을 그리워하고 만남을 즐거워하게 진화했다. 반대로 고립되거나 왕따를 당하면 외롭고 고통스럽다. 애인에게 버림을 받아 괴로움을 느낄 때, 발을 다쳤을 때 반응하는 뇌는, 같은 부위 뇌가 고통을 느낀다. 그래서 정신적인 괴로움도 진통제를 먹으면 효과가 있다. 뇌에 대한 이러한 지식은 우리의 감정과 사고, 행동을 이해하는데 결정적인 단서를 제공하고 있다(서은국, 『행복의 기원』, 21세기북스, 2024).

 진화론적으로 나의 감각과 생각은 내가 살아가는 환경에 적응하고, 생존하고, 번식하는 데 유리한 방식으로 진화했다고 할 수 있다. 나의 생존에 필요한 감각은 발달하고, 필요 없거나 방해가 되는 감각은 생기지 않았거나 진화하지 않았다고 할 수 있다. 마치 어두운 심해의 물고기나 캄캄한 동굴 속에 서식하는 박쥐는 그 시각이 퇴화되었지만 그들만의 방식으로 세계를 인식하고, 구성하는 것처럼 말이다. 그래서 내가 인식하는 세계는 나의 생존에 필요하게 진화된 감각 기능의 한계 내에서 인식된 세계일 뿐, 모든 생명체가 동일하게 느끼는 고유한 세계는 아니다. 다시 말해 모든 생명체가 동일하게 느끼는 세계는 존재하지 않는다고 말할 수 있다.

정신은 물질이 창조한 것이고, 물질은 정신이 창조한 것이다

움베르토 마투라나Humberto Maturana와 프란시스코 바렐라Francisco Varela [『자기생성과 인지』, 정현주 옮김, 갈무리, 2023, 원제: De Máquinas y Seres Vivos: Una teoría sobre la organización biológica(기계와 살아 있는 존재들에 관해서: 생물학적 구성에 대한 이론), Editorial Universitaria, Chile, 1972]는 '자기생성'(autopoiesis)이라는 개념을 창안한 칠레의 신경생물학자다. 마투라나는 생명체의 고유한 특성으로 자신을 스스로 만들어내려는 속성을 든다. 세포든 인간이든 사회든 스스로 자신을 재생산하고 균형상태를 유지하려는 속성이 있다는 것이다. 마투라나는 '생명체는 주위 환경을 어떻게 인식하는가'라는 주제에 대해 답을 구하면서, 기존 생물학의 가정을 뒤엎었다. 기존 생물학의 인식론은 관찰자로부터 독립된 객관적 실재가 존재하고 생명체는 그것을 인식한다는 주장이었다. 다시 말해, 외부의 실재는 관찰자에게서 독립해 있고, 관찰자는 그 독립된 실재를 있는 그대로 지각한다는 것이 기존 생물학의 가정이었다.

그러나 개구리와 비둘기의 시지각(視知覺) 연구는, 실상은 그런 가정과는 전혀 다르다는 것을 보여주었다. 개구리나 비둘기 같은 '관찰자'는 객관 사물을 있는 그대로 인식하지 않고, 외부에서 받은 시각적 자극을 시신경들의 폐쇄된 신경세포 체계 안에서 독자적으로 구성한다. 다시 말해 색깔이든 형태든 신경계 내부의 구별 체계 안에 배치하는 방식으로 재구성한다. 관찰자의 목표는 사물을 구별하는 데 있지 그것들을 그대로 재현하는 데 있지 않다. 더 의미심장한 발견은 이 관찰자가 실제로 '지각'을 하든 실재와 무관하게 '환각'을 경험하든 아무런 차이도 느끼지 못한다는 사실이다. 신경계가 자기에게 맞춘 기준을 가진 폐쇄 체계여서 그 닫힌 체계 안에서는 지각이든 환각이든 모두 실재에 대한 인식으로 받아들여지는 것이다. 각 생명체의 지각 체계는 자율 체계이며 인식은 그 지각 체계 안에서 독자적으로 이루어진다는 사실이다.

이런 사태는 하등동물에만 국한되지 않는다. 인간도 자기 내부의 인식 체계를 통해 지각을 재구성한다. 외부 환경을 있는 그대로 반영하는 것이 아니라는 얘기다. 그리하여 마투라나는 그 발견의 의미를 이렇게 요약한다. "정신은 물질이 창조한 것이고, 물질은 정신이 창조한 것이다." 물질이 인지능력을 창조하고, 그 인지능력이 다시 물질의 존재 양태를 재구성한다는 이야기다. 결국 우리 인간이 인식하는 세계는 우리의 감각과 지각이 가공해낸 환상이라는 말이다. 이어 마투라나는 '자기생성'과 '인지'를 종합한다. 그에 따르면, 모든 살아 있는 체계는 자기생성 체계이며, 이 자기생성 체계는 인지를 통해서 자기를 형성하고 유지한다. 자기생성 체계는 인지 과정이 있는 동안만 존재한다. 인지 없는 생명은 죽은 생명이다. 자기생성과 인지 과정은 하나다. 그래서 삶이란 인지 과정이다.

 인간들 사이에서도 자라온 환경, 경험, 교육, 종교 등 개인이 처한 상황에 따라 감각과 생각이 달리 형성되기 때문에 서로가 인식하는 세계는 다를 수밖에 없다. 그렇게 때문에 상대가 나와 의견이 다른 것은 너무나도 당연한 것이다. 사물과 현상을 보는 렌즈가 서로 다르고, 받아들인 정보를 해석하는 뇌도 다른데 의견이 같아야 한다고 기대하는 것 자체가 무리다. 그런데도 우리는 습관적으로 자기와 생각이 다른 것을 틀린 것으로 여기고 자신의 의견을 강요한다. 흔히 얘기하듯, 이 세상에는 절대적으로 옳은 것도, 불변의 진리도 존재하지 않는다고 할 수 있다.

우주의 모든 대상에 본래의 속성이란 존재하지 않는다

개인 인식의 옳고 그른 차원을 넘어, 오늘날 양자물리학에 따르면 이 세상에는 고정된 실체로 존재하는 사물은 없다. 현대물리학에서 주목받는 학자 중 한 사람인 카를로 로벨리Carlo Rovelli는, 『나 없이는 존재하지 않는 세상』(김정훈 옮김, 쌤앤파커스, 2023, 원제: *Helgoland: Making Sense of the Quantum Revolution*)에서 세계는 독자적인 속성을 가진 독립적인 실체들로 이루어져 있지 않다고 주장한다. 우주의 모든 대상은 다른 대상과의 관계 속에서만 그 속성을 가질 뿐이지 본래의 속성이라는 것은 존재하지 않는다는 것이다. 불교적 용어를 빌린다면, 일체 모든 것은 공(空)이요, 연기(緣起)이다. 불교에서는 고정된 의미나 형상은 없다는 뜻으로 공을 사용한다. 연기는 모든 현상이 생기(生起) 소멸하는 법칙이다. 이에 따르면 모든 현상은 원인인 인(因)과 조건인 연(緣)이 상호 관계하여 성립하며, 인연이 없으면 결과도 없다. 우리는 항상 이 세계가 우리의 의식과는 무관하게 실질적 요소로 이루어져 있다는 생각에 익숙한데, 카를로 로벨리는 사실 세상의 실재는 확정적인 물질이 아닌 불

특정한 것들 사이의 관계일 뿐이라고 한다. 그에 따르면, 관계는 관찰자와 대상 사이에만 성립하는 것이 아니라, 대상과 대상 사이에도 성립한다. 광자는 다른 광자에 대해서, 고양이는 먹이에 대해서, 냉장고는 음식에 대해서, 카펫트는 바닥에 대해서 어떤 속성을 갖게 된다. 양자역학에서 보이는 얽힘의 관계는 바로 이 세계에서도 찾아볼 수 있다. 이 세계는 긴밀하게 서로 얽혀있다. 식물은 햇빛을 받아 자라고, 바위는 물살에 깎여 나간다. 인간도 그의 행동도 모두 얽힘 그 자체이다. 이렇게 얽힌 관계들이 복잡한 매듭을 이루고 있는 것이 바로 우리가 경험하는 세계라는 것이 로벨리의 주장이다. 이처럼 로벨리의 주장을 소개하는 이유는 그 진실성을 따지려는 것이 아니라, 적어도 우리 인간이 지닌 인식능력의 한계를 인정하자는 것이다. 지금까지 우리가 실재라고 보는 세계는 한계가 많은 우리 감각 기관을 통해서 받아들인 정보를 어두운 두개골 속에 갇힌 뇌가 자신의 생존에 필요한 방식으로 구성한 세계일 뿐이라는 점을 인정하자는 것이다. 이렇게 우리가 지닌 인식능력의 한계를 인정하게 되면 우리는 더 포용적이고 유연한 사고를 지닌 사람이 되고, 사회는 갈등과 대립이 많이 줄어들게 될 것이다.

로벨리의 주장에 힌트를 얻어 '관계의 세상'을 인간관계의 차원으로 바꾸어 보는 것도 의미가 있다. 아버지가 있어야 자식이 있고, 자식이 있어야 아버지가 존재한다. 아내가 있어야 남편이 있고, 남편이 있어야 아내가 있다. 스승이 있어야 제자가 있고 제자가 있어야 스승이 존재한다. 도움을 받을 자가 있어야 도움을 주는 자가 존재한다. 반대로, 상대가 없어지면 자신도 사라진다. 이 세상에 본래적으로 고유한 정체성을 지니고 존재하는 것은 상상하기 어렵다. 사회적 구성도 마찬가지다. 직원이 있어야 사장이 있고, 사장이 있어야 직원이 존재한다. 나라가 있어야 국민이 존재할 수 있고, 국민이 있어야 나라가 존재한다. 그래서 불교적 관점에서든 과학적 관점에서든, 나와 세상은 불가분의 관계다. 하나가 사라지면 다른 하나도 그 존재가 성립되지 않는다. 그래서 개인주의 같은 좁은 자아의식에서 깨어나야 한다. 주변과 나의 관계에 대한 오해와 편견에서 벗어나야 한다. 그것이야말로 '참나'를 발견하는 것이고, '진정한 자아', '우주적 자아'를 발견하는 것이다. 동시에 우리가 착각 속에서 만들어낸 편협한 자아의식에서 비롯되는 온갖 갈등과 고통에서 벗어나는 출발점이다.

   서구의 개인주의적이고 물질주의적 사고가 500여 년 이 세계를 주도해 오면서 우리의 물질적 삶은 풍요로워졌지만, 극도의 경쟁과 대립으로 정신적 삶은 점점 피폐해져 왔다. 서구의 인간 우월주의적 사고가 자연을 인간과 대립적인 관계로 바라본 결과 환경이 파괴되어 인류와 모든 생명체의 생존을 위협하는 지경에 이르렀다. 조화와 상생이라는 자연의 이치에 반하여 경쟁과 착취에 심취한 문명이 초래한 결과이다. 자연에 의해 생겨나고, 자연 속에서 살아갈 수밖에 없는 인간이 자신의 본성을 망각한 데서 온 결과이다. 마치 태아가 어머니의 뱃속에서 자신이 독립적인 존재라고 생각하는 것과 다를 바가 없는 태도로 살아온 것이다. 푸른 하늘에 생긴 하얀 뭉게구름이 자기 모양에 도취 되어 자신은 공기나 수증기와 관련 없는 독립된 존재라고 여기는 것과 무슨 차이가 있을까? 이런 상황을 염두에 둔다면 현대문명의 오류와 문제를 바로잡기 위해서는 서구 근대철학의 개인주의적 사고와 인간중심적 세계관을 반성적으로 되돌아보아야 한다는 생각에 이르게 된다.

나와 세계는 분리할 수 없는 한 덩어리

지금까지 인간에 대한 이해, 자아에 대한 인식이 종교별로, 시대별로 어떠했으며, 그것이 어떤 문제점들이 있었는지를 현대의 과학적 지식을 근거로 간략하게 살펴보았다. '나'의 존재를 어떻게 규정하느냐에 따라서 세계를 보는 나의 태도와 삶을 대하는 나의 태도 즉 나의 인생관이 결정될 수밖에 없다. 오늘날 우리의 자아 인식에서 핵심적인 오류는 '나'라는 존재를 그 시작에서부터 지나치게 협소하게 자의적으로 규정한다는 것인데, 이것은 마치 옛날 우리 선조들이 지구를 중심으로 태양이 돌고, 지구가 평평하다고 믿었던 것 못지않게 과학적 진실에 배치되는 환상에 불과하다. 과학적으로 볼 때, 나는 별들의 먼지로 만들어졌다. 우리 몸의 DNA 안에 있는 질소, 핏속의 철, 치아의 칼슘, 몸의 탄소는 모두 붕괴한 별들의 먼지로 이루어져 있다. 우리는 별들의 물질로 구성되어 있다. 공기를 비롯한 환경과 잠시라도 소통하지 않으면 생존할 수 없는 존재다. 마치 어머니 배 속에서 어머니와 나는 한 몸이듯이, 나와 나의 환경은 한 몸이다. '나'의 몸은 약 100조 마리의 미생물과 함께 사는 하나의 복잡한 공생체이고, 나와 세계, 나와 타자는 불가분의 관계이며, 나와 환경, 나와 자연은 분리하는 것이 불가능한, 하나의 덩어리다. 어머니 몸속에서 더 커지면 밖으로 나올 수밖에 없기 때문에 9개월이 지나 나왔지만 계속해서 나는 환경이 제공하는 공기와 물과 영양분을 받으면서 성장하고 살아가는 것이다. '나는 환경과 분리될 수 있는 순수한 독립적 개체'라는 자의식은 우리가 지닌 치명적인 착각이었다. 내 몸속의 미생물과 분리되든, 환경과 분

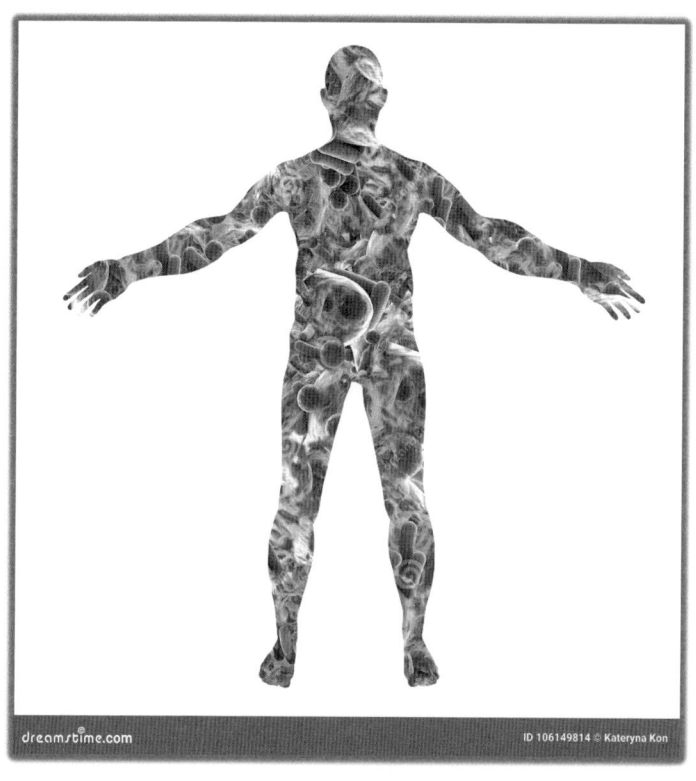

인간 공생체
– 출처: https://es.dreamstime.com/silueta-del-cuerpo-humano-hecha-
de-bacterias-image106149814

리되든, 분리되는 순간 곧바로 존재하지 못하는 개체가 어떻게 분리될 수 있는 것처럼 생각하고 행동할 수 있단 말인가! 바로 그런 착각에서 온갖 번뇌와 두려움과 문제가 생겨난 것 아닐까? 우리는 '고정된 실체'로서 지속하는 존재가 아니라 끊임없이 '변화해가는 현상'이라고 인식할 때, 우리를 평생토록 괴롭히는 죽음에 대한 두려움에서 많이 벗어날 수 있다. 나의 탄생과 죽음에 대해 지금까지 내가 가지고 있던 생각이 오히려 잘못된 비과학적인 환상이었다는 것을 확신할 때, 내 몸 자체가 명백하게 하나의 생명공동체라는 인식이 확고해질 때 착각으로 만들어진 에고에서 벗어날 수 있고, 나아가 노화와 죽음에 대한 두려움마저 사라질 수 있다. 과거의 협소한 에고 의식에서 벗어나 확장된 자아의식을 갖는 순간, 나와 세계는 본래 한 덩어리라는 인식이 확고해지는 순간, 타인과 외부 세계에 대한 경계심이 줄어들면서 좀 더 개방적이고 포용적인 사람이 될 수 있다. 동시에 자아의식의 확장은 서구식 개인주의가 초래한 극심한 경쟁과 물질만능주의, 환경 파괴 같은 현대문명의 문제를 극복하는 출발점이자 지름길이 될 수 있다.

제3장

죽음이 있어 삶이 아름답다!

영원히 사는 자의 고통

죽음은 우리 인간이 경험하는 모든 고뇌와 고통의 근원이다. 모든 게 무로 돌아간다는 사실이 슬프고, 두렵고, 고통스럽다. 우리의 삶이라는 것이 어떻게 보면 죽지 않기 위해 발버둥 치는 과정이라고 볼 수 있다. 그렇게 발버둥 치지만, 인간은 누구나 다 죽게 되어 있다. 지구상에 수백억 명의 호모 사피엔스가 살다 갔지만 예외는 없었다. 지위 고하를 막론하고 다 죽었다. 지상 최고의 권력을 누렸던 진시황도, 고대 메소포타미아 문명의 신화 속 영웅 길가메시(Gilgameš)도 결국 영생의 꿈을 이루지 못했다. 예수님만이 죽은 지 3일 만에 부활하셨다고 성경에 기록되어 있지만, 영생했다는 기록은 없다. 죽음은 거부할 수 없는 인간 조건이다. 모든 인간이 다 겪는 일이지만 아직도 모든 인간이 다 두려워하는 일이다. 죽는 순간의 고통에 대한 두려움도 있지만, 어쩌면 사후 세계에 대한 무지에서 오는 두려움이 더 클지도 모른다. 사후 세계에 대한 무지는 우리를 더

아시리아 궁전 부조 (기원전 713~706년)에서 발견된 동물의 주인으로 묘사된 길가메시의 모습. 왼쪽 팔에는 사자를, 오른손에는 뱀을 쥐고 있는 이 부조는 현재 루브르 박물관에 소장되어 있다.
− 사진 출처: 위키백과

욱 불안하고 두렵게 한다. 죽음 직전에 일어나는 기이한 현상에 대한 기록은 많다. 사고나 질병 따위로 의학적 죽음의 직전까지 갔다 살아남은 사람들이 겪은 사후 세계에 관한 체험에 대한 기록은 수천 년 전부터 존재해 왔다. 천국, 극락, 연옥, 지옥 등을 묘사하는 문학작품도 많다. 하지만 체험자마다, 작품마다 내용이 분분해서 정답이라고 정해진 것이 없다. 인간이 종교에 다가가는 주된 요인 중 하나는 죽음에 대한 두려움을 해결하고 싶기 때문일 것이다. 여러 종교마다 각자 사후 세계에 대해 얘기한다.

　기독교의 성서에서 인간이 죽은 후에 일어나는 일에 대한 설명은 여러 구절에서 찾을 수 있으며, 이를 해석하는 방식도 교파에 따라 다를 수 있다. 그러나 일반적이고, 전통적인 해석은 영혼이 즉시 천국이나 지옥으로 가서 의식이 있는 상태로 존재하는 것으로 본다. 누가복음 23장 43절에서 예수님이 십자가에서 강도에게 "오늘 네가 나와 함께 낙원에 있을 것이다"라고 말씀하신다. 죽는 즉시 심판을 받고 천국이나 지옥으로 가는 것을 암시하는 구절이다. 그러나 일부 기독교 교파에서는 영혼이 부활의 날까지 잠자는 상태에 있다고 믿기도 한다. 그러다가 최후의 심판 날에 다시 살아나서 심판을 받을 것이라고 믿는다(요한복음 5:28~29, 고린도전서 15장, 데살로니가전서 4:16~17 등). 죽은 자들이 부활하여 예수 그리스도의 재림 때에 심판을 받게 될 것이라고 말한다. 성서에서 천국은 하나님과 함께 영원한 기쁨과 평화를 누리는 장소로 묘사되며(요한계시록 21:4), 지옥은 영원한 형벌과 고통의 장소로 묘사된다(마태복음 25:46, 요한계시록 20:15). 이러한 개념들은 교파와 신학적 해석에 따라 조금씩 다를 수 있다. 이처럼 사후 세계에 대해서는 기독교 내에서도 다양한 견해가 존재하며, 성경 구절을 어떻게 해석하는지에 따라 차이가 난다.

종교는 죽음에 대한 두려움 때문

이슬람교에서는 사후 세계(Akhirah)에 대한 믿음이 신앙의 중요한 부분을 차지한다. 이슬람의 경전인 꾸란(Quran)과 예언자 무함마드의 언행을 기록한 하디스(Hadith)에 따르면, 모든 사람은 죽은 후에 부활하는데, 이 부활은 '최후의 날'(Yawmu al-Qiyamah) 또는 '심판의 날'(Day of Judgement)에 일어난다. 이날 모든 영혼은 다시 살아나 하나님 앞에 서게 된다고 한다. 죽은 후 최후의 날까지의 기간에는 중간 상태인 바르자흐(Warzach)에서 머물게 되는데, 잠들어 있거나 꿈을 꾸는 상태로 있게 된다고 한다. 이때의 경험도 그들의 행위에 따라 달라질 수 있다고 한다. 최후의 심판이 있는 날에는 모두 부활하여 하나님(알라, Allah) 앞에 서게 되고, 하나님은 각자의 행동을 평가하고 심판한다. 사람들의 선행과 악행이 평가되며, 그 결과에 따라 천국(Jannah) 또는 지옥(Jahannam)으로 갈 운명이 결정된다. 천국은 믿음이 깊고 선행을 많이 한 사람들이 가는 곳으로, 영원한 행복과 평화가 있는 곳으로 묘사된다. 꾸란에서는 천국을 아름다운 정원과 강이 흐르는 장소로 묘사하며, 신자들이 영원한 축복을 누릴 것이라고 한다. 지옥은 악행을 저지르고 하나님을 부정한 사람들이 가는 곳으로, 불타는 고통과 형벌의 장소로 묘사하며, 여기서 사람들은 그들의 죄에 대한 대가를 영원히 치르게 된다고 한다.

브라흐만교(Brahmanism)와 그 종교의 영향을 절대적으로 받은 힌두교에서는 죽음이 끝이 아니라고 믿는다. 영혼의 환생과 윤회를 믿는다. 사람은 죽은 후에도 영혼이 남아 있으며, 이 영혼은 새로운 생명으로 다시 태어난다고 여긴다. 개인의 행위와 그 결과인 업(Karma)에 따라서, 다시 말해서, 그 사람이 어떤 삶을 살았는지에 따라서 다음 생에 어떤 존재로 태어날지 결정된다고 본다. 좋은 행위를 하면 좋은 업이 쌓이고, 나쁜 행위를 하면 나쁜 업이 쌓인다. 따라서 다음 생의 상태는 현재 생의 행동에 따라 결정된다고 믿는다. 그래서 이 브라흐만교는 인도의 계급제도를 뒷받침하는 종교라는 평가를 받는다. 이생에 내가 하층계급으로 태어나 계급차별을 당하는 것은 전생에 내가 지은 나쁜 업이 많았기 때문이다. 그러니 현 상황을 받아들일 수밖에 없다. 브라흐만교에 따르면, 인간의 궁극적인 목표는 윤회의 굴레에서 벗어나 해탈(Moksha)을 얻는 것이다. 해탈은 더 이상 환생하지 않고, 브라흐만(절대적 실체)과 하나가 되는 상태를 말한다. 이는 영혼이 모든 고통과 욕망에서 벗어나 완전한 평화와 자유를 누리는 상태라고 한다.

윤회는 있는가, 없는가?

브라흐만교의 윤회 사상과 계급 차별 사상에 반기를 들며 나타난 불교에서는 부처님이 명확하게 '윤회가 있다', '윤회는 없다' 말하지 않았지만, 부처님이 '불변하는 개별 영혼'의 존재를 인정하지 않기 때문에 브라흐만교에서 말하는 차원의 윤회는 받아들이지 않는다고 보는 것이 논리적이다. 하지만 세월이 지나면서 불교의 여러 종파가 생겨났고 동남아, 티벳, 동북아 등 지역마다 변화를 거듭했다. 그 결과 오늘날 우리나라의 대중들이 찾는 불교는 초기 불교의 모습에서 벗어나 힌두교의 요소를 많이 포함하게 되었다. 부처님이 자신이 이 세상에 대해 깨달은 바를 설파하면서

신들에게 빌거나 의지하지 말고 오로지 자신의 지혜에 의지하라고 했음에도 불구하고, 세월이 지나면서 구복적인 다신교로 변질되었고, 대부분의 신도가 여러 신과 윤회를 믿는 현실이 되고 말았다. 그래서 초기 불교의 정신을 회복해야 한다는 뜻을 가진 학자들은, 불교에서 윤회와 관련하여 받아들일 수 있는 것은, 독립된 개체로서 영혼이 윤회하는 것이 아니라, 개인들의 속성들이 유전될 수 있다는 것이라고 강조한다. 원래 불교에서는 고정된 자아가 없다는 무아(無我) 사상이 핵심이지만, 인간에게 남과 구별되는 개성 혹은 유전인자는 있고, 그것은 다음 세대로 유전될 수도 있다는 것이다. 그리고 이런 관점의 윤회 사상은, 이 세상 모든 현상이 인연에 따라 생기고 소멸하는 법칙인 연기법(緣起法)에도 어긋나지 않는다고 주장한다. 요컨대, 불교사상의 핵심인 무아 사상과 연기법을 따른다면, 개별 영혼의 윤회는 없다는 것이다.

여러 종교가 생긴 지 수천 년이 지났지만, 아직도 누구나 쉽게 납득할 수 있는 결정적 증거를 제시하는 종교는 없다. 그래서 여러 종교가 어느 하나로 통일되지 않고 각자 존재할 수 있었던 것 아닐까! 물론 현대 과학의 기준으로 본다면 개별 영혼의 윤회를 인정할 수 있는 어떠한 증거도 없다. 유전학에 근거했을 때 우리의 유전인자는 후손에게 전달되기 때문에 그런 차원의 윤회는 인정할 수밖에 없을 것이다. 논의를 좀 더 확장하여, 부모의 신체적 특징이나 생각이나 행동이 자식에게 전달되고 그 후세에까지 이어지는 것도 윤회라는 의미에 포함한다면 그런 윤회는 과학적으로 존재한다고 할 수 있다. 오늘 부모의 좋은 행동이 내일 자손의 좋은 행동으로 나타나는 것이 윤회라면 그런 윤회는 있다는 것이다. 그리고 자식에게까지 가지 않더라도, 오늘 내가 한 행동(업, 카르마)에 따라 내일 내가 그 결과를 받게 되는 것도 일종의 윤회라고 한다면, 그런 윤회는 논리적으로 이해 가능한 윤회라고 할 수 있을 것이다. 동일한 사고(思考)와 언행으로 하루하루를 반복적으로 살아간다면 그 또한 윤회라고 할 수 있을 것이다.

죽음이 우리가 피할 수 없는 숙명인 줄 알면서도 우리는 영생에 대한 꿈을 버릴 수 없다. 영생은 하지 못하더라도 2~3백 년이라도 살면 얼마나 좋을까 하는 생각을 하게 된다. 특히 많은 부와 높은 지위를 누리는 사람일수록 이런 아쉬움은 더 클 것이다. 인간이 2~3백 년을 살게 된다면 물론 많은 변화가 일어날 것으로 예상되지만, 현재 인간의 연령별 구분이 기간만 길어지지 여전히 유아기, 소년기, 청년기, 장년기, 노년기 등의 구분은 같을 것이다. 그리고 여러 가지 직업을 경험해 볼 수 있고, 결혼도 여러 번 해볼 수 있겠지만, 그에 따른 장점과 단점은 다 존재할 것으로 예상된다. 세대 간의 갈등이나 지구의 자원고갈 문제, 환경문제 등은 더 심각해질 것이다. 사실 평균 수명이 40대였던 조선시대에 비해 오늘날 우리의 기대수명은 두 배가 되었다. 그 시대에 비해 수명이 두 배 늘어서 오늘날 좋아진 점과 나빠진 점을 생각해 보면, 우리의 수명이 두 배가 되어서 좋아진 것은 크게 많아 보이지 않는다. 어차피 한정된 시간을 사는 것이라면 중요한 것은 양적인 시간이 아니라, 주관적인 시간, 의미 있는 시간이 아닐까? 의미 없이 반복되는 일상으로 채워지는 삶이 두 배 늘어난다고 어떤 가치가 있을까?

  가끔씩 '우리가 죽지 않고 영원히 사는 존재라면 얼마나 좋을까!' 하는 공상을 해보기도 한다. 만약 우리가 영생한다고 가정해 보자. 과연 우리의 삶은 어떻게 될까? 유치원을 10년을 다니든, 100년을 다니든 아무 문제가 되지 않을 것이다. 교육을 받는 기간이 5000년이든 만 년이든 무슨 차이가 있겠는가! 맛있는 음식이 있다면 천만 번도 먹을 수 있을 것이다. 하룻밤에 소주를 백 병 마셔도 되고, 피자를 백 판 먹어도 아무 문제가 되지 않을 것이다. 그렇다면 과연 그 음식이 맛있게 느껴질까? 모든 음식이 지겨워질 것이다. 인간관계도 마찬가지다. 소중한 사람도 없어진다. 언젠가 다시 만날 수 있고, 무한히 만날 수 있으니까. 오늘 뭔가를 하든 말든 아무 의미가 없다. 오늘 못 한 것이 있으면 다음에 십만 번이든 백만 번이든 하고 싶은 대로 하면 그만이니까. 모든 것이 의미가 없어진다. 영생이 이런 것이라면 그래도 영생하고 싶을까?

죽음이 있기에 우리의 삶은 소중하다!

트로이 전쟁의 영웅 오디세우스^{Odysseus}는 귀향길에 폭풍을 만나 부하 선원들을 다 잃고 표류하다가 칼립소^{Calypso}라는 여신이 살고 있는 오기기아 섬에 정신을 잃은 채 닿게 된다. 정신을 차린 오디세우스가 고국 이타카로 돌아가게 해달라고 부탁하지만 칼립소는 배가 없다고 거절하면서, 자신과 살면 영생하게 해주겠다고 유혹해도 오디세우스는 끝까지 집으로 가겠다고 한다. 영생을 거부하고 유한한 인생을 선택한 것이다. 온갖 위험과 풍파를 이겨내고 결국 오디세우스는 고향으로 돌아와 "사람들이 모여서 음식을 먹고 술을 마시고 즐겁게 노래하는 것이 이 세상에서 가장 아름다운 것 같다"고 한다. 이 이야기에서 삶과 죽음과 영생에 대한 고대 그리스인들의 생각을 엿볼 수 있는 것이 아닐까?

호메로스^{Homeros}(BC 800~BC 750)의 서사시보다 1500년가

오디세우스: 그리스 신화에 나오는 영웅. 트로이 전쟁에서 승리한 후 온갖 기이한 일들을 겪지만 귀향한다.
- 사진 출처: 위키미디어커먼스

량 앞선 것으로 평가되는 고대 메소포타미아의 서사시 『길가메시』는 수메르 남부의 도시 국가 우루크의 전설적인 왕 길가메시를 노래한다. 초인적인 능력을 지닌 길가메시는 친구 엔키두의 죽음으로 충격을 받고, 영생의 비밀을 듣기 위해 죽지 않는 유일한 인간인 우트나피시팀과 그의 아내를 찾아 나선다. 고생 끝에 우트나피시팀을 만나 영원히 살 수 있는 기회를 두 번 얻지만 모두 실패하고 우루크에 돌아온 다. 길가메시가 영생을 찾아 방황하던 과정에서 죽음의 바다 끄트머리에 위치한 여인숙을 지키는 인물, 씨두리를 만나 다음과 같은 조언을 듣는다.

"길가메시, 자신을 방황으로 몰고 가는 까닭은 무엇 때문인가요. 당신이 찾고 있는 영생은 발견할 수 없어요. 신들은 인간을 창조하면서 인간에게는 필멸의 삶을 배정했고 자신들은 불멸의 삶을 가져 갔지요. 길가메시, 배를 채우세요. 매일 밤낮으로 즐기고, 매일 축제를 벌이고 춤추고 노세요. 밤이건 낮이건 상관없이 말이에요. 옷은 눈부시고 깨끗하게 입고 머리는 씻고 몸은 닦고, 당신의 손을 잡은 아이들을 돌보고, 당신 부인을 데리고 가서 당신에게 즐거움을 찾도록 해주세요. 이것이 인간이 즐길 운명인 거에요. 그렇지만 영생은 인간의 몫이 아니지요(김산해 지음, 『인류 최초의 신화: 길가메시 서사시』, 휴머니스트, 272쪽).

우리 인간의 삶이 소중하고 의미 있는 것은 바로 유한하고, 유일하기 때문이다. 죽음이 있기에 우리의 삶이 의미 있고, 소중하고, 아름다운 것이다. 20세기 쿠바 최고의 소설가로 평가받는 알레호 카르펜티에르Alejo Carpentier는 그의 소설 『지상의 왕국』에서, 노예 신분에서 해방되었지만, 여전히 고단한 삶에서 벗어나지 못하는 주인공 티노엘의 생각을 빌어 천상과 지상의 삶에 대해 다음과 같이 피력한다.

> 이제야 깨닫고 있었다. 인간은 자기도 모르는 사람들 때문에 고통을 받고, 소망하고, 노동하며 살아간다는 것을 깨닫고 있었다. 그들 역시 또 다른 인간들 때문에 고통받고, 소망하고, 노동하며 살아가게 되리라는 것을. 그러나 다른 인간들 역시 결코 행복할 수 없으리란 것을 깨닫고 있었다. 왜냐하면 인간은 자신에게 허용되어 있는 것 이상의 행복을 추구하며 살아가고 있기 때문이다. 그러나 인간의 위대함은 현재의 여건을 개선하려는 데 있다. 즉 스스로 과업을 부과하는 데 있는 것이다. 천상의 왕국에서는 성취해야 할 위대함이란 없다. 왜냐면 그곳에서는 계급이 이미 정해져 있고, 알 수 없는 것이란 없으며, 존재는 영원하며, 무언가를 위한 희생이란 불가능하며, 영원한 삶과 안식과 즐거움만이 있기 때문이다. 반면에 고통과 노동으로 신음하는 비참한 삶 속에서도 아름다울 수 있으며, 힘든 운명 속에서도 사랑할 수 있는 힘을 가진 인간은, 오직 이 지상의 왕국에서 최대한 자신의 위대함을 발견할 수 있는 것이다(『지상의 왕국』(*El reino de este mundo*), 필자 번역).

늘 죽음을 의식하라!

죽음을 피할 수 없다는 사실보다 더 두려운 것은, 우리가 언제 죽을지 모른다는 사실일 것이다. 수많은 질병과 사건 사고가 일어나는 복잡한 현대 사회에서는 아무도 자신의 죽는 날을 장담할 수 없다. 당장 오늘 죽을 수도, 내일 죽을 수도 있다. 한국에서 교통사고로 죽는 사람이 일 년에 3000여 명에 육박한다. 교통법규를 지키고 안전운전을 한다고 해도 사고를 당하지 말란 법이 없다. 걸어가다가도 차가 돌진해 죽기도 한다. 길 가다가 땅이 꺼져 죽기도 한다. 그래서 현대인은 더욱 불안하다. 그렇지만 기대수명에 희망을 걸어본다. 한국인의 평균 기대수명은 2022년 82.7세(남자 79.9, 여자 85.6)이다. 운 좋게 사고를 당하지 않으면 82년은 살 수 있다는 얘기다. 물론 앞으로 의료기술이 발전할 거니까 100년으로 잡을 수도 있겠다. 하지만 기대수명까지 산다는 보장이 아무에게도 주어지지 않는다.

우리에게 언제 어떻게 닥칠지 모르는 죽음을 늘 의식하

면서 살아가는 사람은 많지 않다. 가끔씩 '나는 평균 수명까지는 살겠지' 하고 생각하면서 평소에는 죽음에 대한 생각을 회피하며 살아가는 것이 일반적이다. 실제 사람들의 행동을 보면 자기 인생이 100년 200년은 보장된 것처럼 행동하는 사람들도 허다하다. 80세가 넘고 90세가 넘어서 객관적으로 보기에 삶이 얼마 남지 않았음에도 불구하고 설마 설마 하다가 의미 있는 삶을 살지도 않고, 인생을 정리하지도 못한 상태에서 갑자기 죽음을 맞이하는 사람들이 너무도 많다. 확률상 5년, 10년 후에는 이 세상을 떠날 수밖에 없다는 것을 진지하게 받아들인다면 삶의 태도가 달라질 것이다. 타성에 젖어 의미 없게 하루하루를 살다 가지 않을 것이다. 그래서 독일의 실존철학자 마르틴 하이데거Martin Heidegger(1889~1976)는, 『존재와 시간』이라는 책에서, 인간은 죽음을 피할 수 없는 존재이기에 자기의 죽음을 미리 생각, 가정, 상상해 봄으로써 자신의 삶에서 본래 소중한 것이 무엇인지 깨닫게 되고, 올바른 삶으로 나아가게 된다고 말했다.

죽음은 우리를 진정한 삶으로 이끈다

죽음을 늘 생각하면서 산다는 것이 어떤 의미가 있을까?

죽음을 의식하는 것은 자신의 유한성을 인정하는 것이며, 이는 자신의 삶을 더 깊이 성찰하게 만든다. 죽음이라는 피할 수 없는 한계를 늘 인식하면 저절로 자신의 삶을 좀 더 객관적으로 바라보게 되고, 자신의 가치와 목표를 명확히 하게 되며, 진정으로 중요한 것이 무엇인지 고민하게 된다. 죽을 수밖에 없다는 사실을 깊이 받아들이면, 사람들은 현재의 순간과 경험을 더 가치 있게 여기게 된다. 일상의 소소한 순간들도 소중히 여기게 되고, 동시에 자신이 추구하는 목적과 의미를 다시 생각하기 때문에 올바르고 가치 있는 삶으로 나아가게 된다. 이를 하이데거는 자신의 진정한 본질에 가까운 삶이라고 했다. 하이데거는 인간이 자신의 능력과 한계를 자각하고 죽음을 인식하면서 '내가 무엇을 해야 하는가?'라는 질문에 대해 결단을 내리는 것이 매우 중요하다고 보았다. 이는 타성에 젖어 사는 삶, 즉 피상적인 일상에서 벗어나 진정한 자기 자신으로 살아가게 만든다는 주장이다. 죽음을 늘 의식하면서 살아가는 사람들은 시간이 유한하다는 사실을 명확히 인식하기 때문에 시간의 소중함을 절실하게 느끼고 매 순간을 더 충실하게 살아가려고 노력한다. 현재에 더 집중하고, 삶의 질을 높이는 데 신경을 쓸 수밖에 없다.

위인들의 죽음에 대한 확고한 철학

죽음에 대한 의식은 종종 사람들에게 용기와 결단을 준다. 죽음은 피할 수 없다는 사실을 진지하게 받아들임으로써 사람들은 두려움이나 망설임을 덜고, 더 과감하고 진정성 있는 선택을 하게 된다. 역사상 대의를 위해 목숨을 바친 사람들이 결단을 내릴 때 바로 죽음에 대한 이런 철학적 태도가 바탕에 깔려있지 않았을까? 이순신 장군(1545~1598)이든, 안중근 의사든, 죽음 앞에서 왜 두렵지 않았겠는가, 왜 주저하지 않았겠는가! 그 두려움을 이겨내고 목숨을 바치겠다는 결단을 내리게 된 것은, 죽음이 모든 인간의 숙명이라면 차라리 가치 있는 죽음을 선택하겠다는 철학적 신념이 있었기에 가능하지 않았을까? 어쩌면 우리가 일제 치하나 군부독재 시절에 비해 더 민주적이고 자유로운 국가에서 살 수 있게 된 것도 수많은 애국지사나 민주투사들이 죽음에 대한 확고한 철학적 신념을 가지고 그 신념을 행동으로 옮긴 덕분이 아닐까? 이처럼 인간이면 누구나 죽음을 피할 수 없다는 생각은 특히 자신의 삶에서 중요한 결정을 내려야 하는 순간이나 새로운 변화나 도전에 직면할 때 우리에게 용기를 주고 결단을 내릴 수 있게 해준다.

안중근(安重根, 1879~1910) 의사
"견리사의견위수명(見利思義見危授命)"
"이익이 보이면 정의를 생각하고 위태로움이 보이면 목숨을 바쳐라."
- 사진 출처: 위키백과

    죽음에 대한 인식은 타인과의 관계에도 영향을 미친다. 이는 우리가 서로의 유한성을 인정하고, 타인에 대한 이해와 공감을 더 깊이 하고, 더 진실하고 의미 있는 관계를 형성하도록 도움을 준다. 이는 타인의 존재와 시간을 더 소중히 여기게 되기 때문이다. 예를 들어 평소 우리는 가족이 늘 곁에 있을 존재라고 생각한다. 하지만 어느날 가족이 큰 병에 걸리면 그때 서야 가족이 언제까지나 곁에 있지 않을 수 있다는 사실을 깨닫게 된다. 이로 인해 가족과의 시간을 더욱 소중히 여기고, 더 많은 시간을 함께 보내려 노력하게 된다. 비록 늦은 감이 있지만 그때부터라도 그 환자의 죽음을 늘 염두에 두고 고통을 이해하고 공감하려는 노력을 기울인다. 평소에는 잘 하지 않던 이야기를 나누고, 서로의 감정을 표현하며, 과거의 좋은 기억들을 회상하는 시간이 많아진다. 부모도 마찬가지다. 자녀들과 헤어질 시간이 많이 남지 않았다는 것을 늘 인식한다면 자녀들과 함께하는 시간을 더 많이 가지려고 노력하게 될 것이고, 부모로서 어떤 역할을 하고 떠나야 할지도 진지하게 고민하게 된다.

평소에 늘 죽음을 의식하면서 살아가면 자신의 삶 전체를 더 진정성 있고, 의미 있게 만들어가게 된다. 죽음을 두려워하거나 회피하지 않고, 죽음이라는 것이 우리 존재의 피할 수 없는 본질이라는 사실을 진지하게 받아들이게 되면, 자신이 추구하는 목적과 삶의 의미를 다시 생각하게 되고, 바람직한 삶의 가치와 목표를 명확하게 설정하게 된다. 일상의 소소한 순간들도 소중히 여기게 되고, 자신과 타인에 대한 깊은 성찰과 이해를 바탕으로 더 진실해지고 깊은 관계를 맺으며, 보다 충만한 삶을 살아가게 된다.

제4장

착각 속에 사는 호모 사피엔스

헛똑똑이 호모 사피엔스

우주적 차원에서 보면 미물 중의 미물이라고 할 수 있는 인간이지만, 거대한 우주를 상상하고, 우주선을 쏘아 올려 우주를 탐사하고, 자기 신체를 이루는 세포, 유전자, 뇌의 비밀을 알아가고, 만물의 기본 요소인 양자, 원자의 세계를 알아가는 상황에 이르렀다. 가히 호모 사피엔스라는 이름에 걸맞은 존재가 되었다. 원시시대, 돌도끼로 거대한 짐승들에 맞서던 상황을 떠올려 본다면, 천둥 번개에 혼비백산하던 상황을 떠올려 본다면, 이 얼마나 경이로운 일인가! 아직도 숲속에서 나무를 오르내리며 열매를 따먹고, 서로의 몸에 기생하는 이를 잡아주며 생활하고 있는 침팬지 같은 영장류와 비교해 보면 호모 사피엔스는 얼마나 위대한 존재인가! '만물의 영장'이라는 자부심을 가질 만도 하다.

그렇게 똑똑한 호모 사피엔스이지만 일상적으로 우리는 얼마나 많은 착각 속에서 살아가는지 상상해 보았는가? 호모 사피엔스는 매 순간 착각 속에서 살아가고 있다고 해도 과언이 아니다. 어쩌면 우리에게 적절한 이름은 호모 사피엔스가 아니라 호모 에라티쿠스(Homo Erraticus: 착각하는 인간)일지도 모른다. 우리 모두 객관적으로 존재하는 세상이 있다고 믿고 그것을 내가 감각기관을 통해서 그대로 인지한다고 믿는다. 내가 지금 보는 세상이 나의 감각기관과 뇌가 만들어낸 환상에 불과하다고 생각하는 사람은 많지 않다. 과연 우리가 인식하고 있는 세상이 객관적으로 존재하고 우리는 그것을 있는 그대로 보는 걸까? 현대 과학에서는 그렇지 않다고 말한다. 왜 그럴까?

착각 속에서 살아가는 인간

불과 몇백 년 전만 해도 거의 모든 사람들이 지구가 평평하다고 믿으며 살았다. 이제는 지구가 둥글다는 것을 다 인정한다. 몇백 년 전만 해도 사람들은 태양이 지구를 돈다고 생각했다. 코페르니쿠스가 지동설을 주장한 지 500여 년이 지난 오늘날에는, 지구는 자전하면서 태양 주위를 돈다는 것을 부인하는 사람은 없다. 그러니 이제는 우리 모두가 지구와 태양과 나의 관계를 제대로 다 알고 그렇게 체감하며 살고 있다고 말할 수 있는가? 나는 북반구에서 발을 땅에 붙이고 머리는 하늘을 향해 서서 걸어 다닌다고 믿는다.

그럼 우리와 반대편에 있는 아르헨티나에 가면 발을 땅에 붙이고 머리를 허공으로 한 채 지구에 거꾸로 매달려 걷는다는 느낌이 들어야 하는데 전혀 그런 느낌이 들지 않는다. 나의 감각이 문제가 있는 것인가 아니면 나의 지식이 문제가 있는 것인가? 지구가 태양 주위를 공전하는 속도는 초속 30킬로미터라고 한다. 지구가 공전하고 자전하는 소리도 어마어마하다고 한다. 하지만 나는 그 속도나 소리를 전혀 느끼지 못한다.

우리는 무지개가 일곱 빛깔이라고 믿는다. 사실은 더 많은 색깔이 있을 수 있는데 빨간색과 보라색 바깥에 있는 색은 우리가 인식할 수 없기 때문이다. 우리가 감지할 수 있는 것은 우주의 빛 중 10%에 불과하다고 한다. 어릴 적에는 그 무지개가 실재한다고 믿었다. 그 무지개가 단순히 빛의 산란에 의해 우리 망막에 나타난 허상에 불과하다는 것을 몰랐다. 같은 지역에서도 다른 각도에서 쳐다보는 사람에게는 보이지 않는다는 것을 몰랐다. 고속도로를 100km 속도로 달리는 내 차 안에서 여유 있게 날아다니는 파리는, 누군가 밖에서 보면 시속 100km로 달리고 있는 것이다. 우리는 식물은 눈과 귀와 코가 없으니 보고, 듣고, 냄새를 맡을 수 없을 것이라고 여긴다. 하지만 식물도 다른 방식으로 다 감지한다. 즉 식물은 자신의 형태와 생리적 변화를 통해서 빛, 풍력, 냄새, 진동, 접촉에 적극적으로 대응하는 능력을 가지고 있다. 양자역학이 밝혀낸 양자의 속성들은 인간의 인식체계로는 도저히 이해할 수 없는 것들이지만 엄연히 과학적 사실로 받아들이는 성질이다.

과학이 발견하는 세계는 도대체 왜 우리의 '상식'과 다른가? 왜 우리는 소위 '과학적 지식'과 다른 느낌을 경험하고, 다른 생각을 하며 살아가고 있는가? 왜 우리는 이런 착각 속에서 살고 있는가? 무엇이 잘못된 것인가? 우리가 아직 진화가 덜 되어서 그런가? 언젠가 우리는 자외선과 적외선도 구별할 수 있게 진화할까? 언젠가 우리는 지구의 공전 속도를 느끼고, 그 굉음을 들을 수 있게 될까? 언젠가 우리가 지구에 거꾸로 매달려 산다는 것을 느끼게 될까? 진화론에 따른다면, 그런 능력들이 우리의 생존과 번식에 유리하다면 그렇게 진화할 것이요, 그렇지 않다면 영원히 감지하지 못할 것이다. 결국 우리가 일상적으로 하는 착각은 생존과 번식에 필요하고 유리한 착각이기 때문에 지속되는 것이라고 유추해볼 수 있다. 우리의 생존과 번식을 위해 일곱 가지 색 그 밖의 색을 감지하는 것은 필요하지 않았고, 지구의 자전과 공전의 속도와 소리를 감지하는 것도 생존에 도움이 되지 않았다는 것이다. 그런 착각이나 무감각이라면 크게 신경 쓸 것이 없다고 할 수 있다. 오히려 안정된 삶을 위해 필요하고 유용한 착각이다. 문제는 우리의 생존과 번식에 방해가 되고, 우리들의 평안한 삶에 해악이 되는 착각이나 무감각도 여전히 많다는 것이다. 과연 그런 착각이나 무감각은 어떤 것이 있고, 왜 생겨나고, 그런 착각 때문에 어떤 문제가 발생하는지 한번 살펴볼 필요가 있지 않겠는가?

우리에게 '객관적 이성'이 존재할까?

앞서 얘기했듯이, 대부분 사람이 하는 착각 중 하나는, '세계는 객관적으로 실재하고, 나는 그 세계를 올바르게 인식하고 있다'는 생각이다. 그것이 내가 살아가는 데 유리한 착각이기도 하지만, 심각한 문제를 낳기도 한다. 그 착각이 바로 '나는 합리적이고 이성적인 판단을 내리는 사람'이라는 생각으로 이어지기 때문이다. 그래서 세상이 객관적으로 실재하니 누가 더 객관적으로 바라보고 올바르게 판단하느냐의 문제일 뿐이라고 여긴다. 그리고 남들도 대부분 나처럼 보고, 느끼고, 생각할 거라고 착각한다. 내 생각이 보편적일 거라고 착각하기 때문이다. 내가 어떤 대상에 좋은 느낌을 받으니 남도 좋은 느낌을 받을 거라고 착각한다. 그리고 내가 생각하는 선(善)이 다른 사람들에게도 선일 것이라고 착각한다. 내가 악(惡)이라고 여기는 것은 남들도 악으로 여길 거라고 착각한다. 객관적으로 실재하는 세상도 없고, 그 세상의 정보를 받아들이는 감각 기관이나 판단을 내리는 뇌도 개인마다 다르다는 것을 잘 인정하려 들지 않는다. 그래서 나와 다른 의견을 들으면 일단 불편해진다. 나의 판단을 의심해 보기 이전에 상대의 판단을 먼저 의심하게 된다. 나는 옳고 상대는 틀리다고 생각한다. 인간들 사이의 대립과 갈등은 대부분 이것으로부터 시작된다.

 더구나 요즘은 인터넷을 통해 서로 같은 생각을 가진 사람끼리만 소통하고, 자기의 취향에 맞는 정보만 접하게 되어 자기 생각이 옳다는 확신이 갈수록 심해져 간다. 정치적으로 생각이 다른 사람은 도저히 말이 통할 수 없는 적으로 바뀌어 간다. 애초에 내 생각은 옳고 상대의 사고는 틀렸다고 생각하기 때문에 토론이 잘 되질 않는다. 우리나라에서만 정치적 대립이 도를 넘어선 것은 아니다. 미국이든, 유럽이든 마찬가지다. 결국 이 세계와 인간의 사고에 대한 잘못된 믿음에서 이 모든 문제가 시작되었다고 볼 수 있다. 자기 이성에 대한 믿음이 너무 강해서 생긴 결과이다. '나는 이성적으로, 객관적으로, 합리적으로 생각한다'고 모두가 믿기 때문에 생긴 결과이다. 나의 이성은 나의 경험과 지식과, 내가 속한 문화와 종교, 그리고 내가 처한 입장이 만들어낸, 아주 주관적 사고에 불과하다는 생각을 못하기 때문에 생긴 비극적 현상이다. 우리에게는 객관적 이성이라는 것이 존재할까? 고정된 가치가 존재할까? 불변하는 선과 악이 존재할까?

사고와 감각은 문화의 산물

 인간의 선악에 대한 판단이 문화의 영향을 얼마나 많이 받는지 알아보자. 조선시대에 살던 우리 조상들은 일부다처제였다. 왕들은 중전 이외에 많은 후궁들을 거느리고 살았다. 우리가 존경해 마지않는 세종대왕께서도 수많은 후궁 사이에서 많은 자손을 두었다. 백성들도 비난하지 않았을 뿐 아니라, 종묘사직에 한 점 부끄럼이 없는 바람직한 행동이었다. 당시로선 왕가를 번창하게 만든 훌륭한 행동이었다. 세도깨나 누리거나 재물 좀 있는 남자들도 마찬가지였다. 그래서 수많은 서자가 태어났고, 평생을 서럽게 살았다. 같은 한반도에 사는 같은 한국 사람들이지만, 오늘날은 어떤가? 만약 대통령 후보가 바람을 피운 사실이 있다면 그것만으로도 후보의 중대한 결격사유가 될 것이다. 온 국민의 지탄을 받게 된다. 만약 오늘 우리의 잣대를 조선시대 사람에게 적용하려고 할 때 우리 조상들은 뭐라고 말할까? 조선시대 어떤 왕보다 많은 후궁을 거느렸다는 세종대왕에 대한 평가는 달라져야 하는가? 오늘날에도 여전히 일부다처제를 유지하는 나라와 문화권이 있다. 그 사람들 가운데서도 일부다처제에 대해 생각하는 바는 사람마다 다를 것이다. 남녀평등이 우리가 추구해 가는 가치이지만, 일부다처제와 남성우월주의 문화 속에서 살아가는 사람들이 도덕적으로 양심의 가책을 느껴야 한다고 우리는 말할 수 있을까?

삼국시대부터 조선시대에 이르기까지, 한반도에서는 삼강오륜이 사회를 지탱하는 주요한 덕목이었다. 충효(忠孝) 사상은 조선 왕조 500년을 지탱해온 기둥이었다. 그 시대를 살았던 우리 조상들은 당연히 그것이 중요한 덕목이라고 뼛속까지 그렇게 생각했다. 그래서 '충신'이나 '효자'라는 말보다 더 영광스러운 말이 없었다. 많은 사람들이 그 말을 듣기 위해 목숨을 바쳤다. 반대로 '역적'은 곧 죽음을 의미했고, '불효자'는 곧 인간 말종이라는 의미였다. 오늘날 대한민국에서는 어떤가? 이제 우리는 민주공화국에 살기 때문에 '충성심'이라는 말은 그 의미가 많이 퇴색되었다. 요즘은 '국기에 대한 맹세'조차도 어색하게 느끼는 사람이 많다. 부모가 자식에게 쏟는 정은 과거보다 더 애틋하지만 부모를 모시고 사는 사람은 아주 소수다. '현대판 고려장'이라는 곱지 않은 시선도 있으나, 가정에서 돌보기 어려운 부모들은 대부분 요양원으로 모신다. 그러면서도 우리는 크게 양심의 가책을 받지 않는다. 이처럼 '충성심', '효도', '정조', 등 인간의 도덕과 양심에 관련된 감정도 문화의 영향을 절대적으로 받는다.

한반도에서는 고려시대에 고려장이라는 풍습이 있었다고 알려졌지만 확실하지는 않다. 조선시대에는 유교식의 엄격한 장례문화가 정착하면서 불교식 화장(火葬)도 사라지고 매장 문화가 절대적이었다. 그런데 최근 우리나라에서는 화장이 90%에 달하고 있다. 화장 후에도 수목장, 납골, 산골(散骨) 등 다양하다. 조선시대의 조상님들이 이 사실을 아신다면 무덤에서 벌떡 일어나 격노하실 일이다. 지금도 세계 각 지역마다, 종교마다 장례 방식이 다양하다. 각각의 방식마다 그들 나름의 해석이 있다. 하지만 가만히 생각해 보면 합리적으로 이해가 안 되는 해석들이다. 이와 관련하여 장자에 나오는 이야기는 우리 인간의 생각이 얼마나 자의적이고 비과학적인지 짐작할 수 있게 해준다.

장자에게 죽음이 임박하자 제자들은 스승의 장례를 후하게 치르고 싶어 했습니다.

장자가 말했습니다.

"나는 하늘과 땅을 널로 삼고, 해와 달을 행렬의 장식옥으로 삼고, 별들을 죽은 자의 입에 물리는 구슬로 삼고, 이 세상 만물을 저승길의 선물로 삼으련다. 나의 장례용품이 이미 다 갖추어져 있는데 무엇을 여기에 덧붙이겠는가?"

제자들이 말했습니다.

"저희들은 까마귀나 솔개가 선생님의 시신을 쪼아먹을까 두렵습니다."

장자가 말했습니다.

"땅 위에 있으면 까마귀나 솔개의 밥이 되고, 땅 아래 있으면 땅강아지나 개미의 밥이 된다. 저쪽에서 빼앗아 이쪽에다 주는 꼴이니 어찌 불공평하지 않겠느냐?"(이희경 풀어 읽음, 『낭송 장자』, 북드라망, 2014, 36~37쪽)

선이 악이 되고, 악이 선이 되기도 한다

왜 우리는 매장에서 화장으로 급격한 풍습의 변화를 따르면서도 죄의식을 크게 느끼지 않을까? 대부분 매장을 하던 조선시대라면 부모님을 화장하면서 죄의식을 느끼지 않았을까? 마치 내가 불에 타는 듯한 느낌을 상상이라도 해 보지 않았을까? 요즘 화장장에 가보면 망자가 화로에서 불타고 있는 그 순간에도 유족들은 커피도 마시고 식사도 한다. 우리의 죄의식도, 양심도, 감정도 결국 문화가 좌우하는 것이라고 볼 수 있다. 모두가 함께하면 죄의식을 느끼지 않는다. 양심의 가책을 받지 않는다. 바꾸어 말하면, 행위 자체에는 본래 정해진 선악이 없다는 것이다. 어떤 상황에 놓이느냐에 따라서, 누가 보느냐에 따라서 그 행위가 평가되고, 선악이 결정된다. 선도 악이 되고 악도 선이 될 수도 있다.

역사적인 인물에 대한 평가도 마찬가지다. 예를 들어 안중근 의사는 우리 한국인의 입장에서는 일제하에서 고통받은 국민과 나라를 구하려고 한 애국지사임에 어느 누구도 추호의 의심도 없지만, 일본인들의 입장에서는 자기들이 존경하던 이토 히로부미를 죽인 테러리스트이라고 여길 수 있을 것이다. 오사마 빈 라덴도 마찬가지다. 아랍세계에서는 영웅으로 여기는 사람이 많을 것이고, 미국인의 입장에선 테러리스트다. 한 나라 안에서도 마찬가지다. 불과 얼마 전에 독립운동가 홍범도 장군에 대한 논란이 있었다. 애국가를 만든 안익태 선생에 대한 평가도 논란이 있었다. 서정주 시인도 일제에 협력했다는 행적 때문에 논란이 많았다. 김춘수 시인의 신군부 행위도 도마에 올랐다. 각자의 입장이 다르고, 세상을 보는 눈이 다르기에 평가가 다를 수밖에 없다. 만약 매사에 모두가 의견이 하나로 통일된다면 그것이야말로 끔찍한 일이다. 그렇게 되면 우리는 인간이 아니라 기계가 된다. 생각이 같고 감정이 같다면 바로 로봇과 다를 게 없다. 우리가 인간인 것은 개인마다 서로 다르고, 한 개인의 생각과 감정마저도 시시각각으로 바뀌기 때문에 인간이다. 이런 사실을 무시하고 우리는 한 개인이 과거에 한 언행에 대해서 지금도 동일한 것처럼 집요하게 몰아세운다. 정말 인간에 대한 이해가 너무나 부족하기 때문이다. 물론 그 사람의 사고가 변하지 않은 경우도 있고, 변한 경우도 있을 것이다. 하지만 거기에 대한 충분한 고려는 없다. 자신의 이익을 위해, 당파의 이익을 위해 인간에 대해 몰상식한 언행을 서슴지 않는다.

시대에 따라 미인의 기준도 변한다

인간의 미적 감각조차도 그 시대의 문화적 영향을 절대적으로 받는다. 소위 '이상적 남성상'이니 '이상적 여성상'이니 하는 것도 시대가 바뀌면 달라지고, 개별 문화마다 다 다르고, 시대마다 다르다. 미얀마 남부와 태국 국경 부근에 거주하는 소수인종 카렌족은 목이 긴 여자가 아름답다고 여기기 때문에 여성들이 목을 길게 늘리려고 목에 건 쇠고리 숫자를 늘려가면서 끔찍한 고통을 감내한다. 중국의 전족(纏足)도 마찬가지다. 전족은 송 때 시작되어 명·청 시대에

레오나르도 다 빈치(Leonardo da Vinci, 1452~1519)의 〈모나리자〉와
신윤복(1758~1814)의 〈미인도〉

유행하였던 것으로, 20세기 신해혁명 이후에나 거의 없어졌다고 한다. 전족은 여성의 발을 천으로 꽁꽁 동여매어 성장을 멈추게 하는 풍습이다. 약 10센티미터의 발이 가장 이상적이었다고 한다. 정상적으로 자라지 못한 발은 뼈가 부러지거나 근육이 오그라들어 지금의 우리가 보기에 몹시 흉측한 모습이었다. 발 모양만 이상해지는 것이 아니었다. 전족을 하면 발끝으로 종종거리며 걸어야 하였고, 등뼈가 기형적으로 튀어나와 서 있는 자세도 이상해졌다. 그런데 이런 모습이 당시에는 인기 있는 여성상이었다고 한다. 전족

을 하지 않은 여성들은 미인 축에 끼지도 못하였을 뿐만 아니라 결혼조차 하기 힘들었다고 하니(전국역사교사모임, 『살아있는 세계사 교과서 1』, 휴머니스트, 2019) 인간의 미적 감각이라는 것이 얼마나 상대적이고, 주관적이고, 문화적인 것인지 알 수 있다. 어떻게 보면 우리의 미적 감각은 유행처럼 변해가는 것이라고 할 수 있다. 대상이 아름답게 변하는 것이 아니라 아름다움과 관련된 우리의 생각이, 감각이 바뀌는 것이라고 하는 것이 옳다.

실지로 그런 아름다움에 대한 문화적 기준이나 이상(理想)이 생기면, 그 문화 속에 사는 사람들에게는 그 미적 기준에 부합하는 대상이 사고를 통해 판단되기 이전에 멋있게 느껴지고, 아름답게 느껴진다. 사고의 차원이 아니라 감성과 미감의 차원에서 '진심으로' 그렇게 느껴진다. 그러면서 자신의 느낌이 너무나 당연하고, 자연스런 것이라고 착각한다. 불과 몇십 년 전만 해도 여성은 '맏며느릿감'이 이상형이었다. 하지만 오늘날 여성들은 그 말을 별로 듣고 싶어 하지 않는다. 차라리 '여우 같다'는 말이 듣기 낫겠다는 태도다. 왜 그런지는 잘 모르겠고, 일단 거부감이 든다는 것이다. 그럼 몇 십 년 전의 여성들도 '맏며느릿감이다'라는 말을 들었을 때 거부감이 들었을까? 도대체 왜 같은 나라에서 몇십 년 만에 이런 큰 변화가 생기는가? 인간의 감정이란 이렇게 갈대와 같고, 신기루와 같은 것이다.

미적 감각은 그렇다고 쳐도 색깔이나 맛에 대한 느낌도 그 문화가 절대적인 영향을 미칠까? 문화와 관계없이 모든 사람에게 특정한 색에 대한 느낌이나 특정한 맛에 대한 느낌이 같을까? 먼저 색상에 대한 인식이 문화권에 따라 얼마나 다양한지 확인해 볼 필요가 있다. 어떤 문화를 구성하는 핵심적 요소로 언어를 들 수 있다. 그리고 우리가 사용하는 언어는 색상에 대한 인식과 분류에 상당한 영향을 미친다. 색상을 설명하고 구분하는 데 사용할 수 있는 단어가 많은 특정 언어는 다른 언어 사용자보다 특정 음영을 더 쉽게 알아차리고 구별할 수 있도록 해주기 때문이다. 예를 들어, 러시아어에서 두 가지 파란색 음영은 특정 단어로 구분된다. 밝은 파란색은 "голубой"이고 진한 파란색은 "Ёиний"이다. 이러한 언어적 구분으로 인해 러시아어 사용자는 두 음영 모두에 "blue"라는 단일 단어를 사용하는 영어 사용자에 비해 이러한 음영을 서로 더 뚜렷하게 인식할 수 있게 된다. 에스키모족 이누이트 언어는 다양한 유형의 눈을 지칭하는 여러 용어를 사용하는데, 이는 그들의 환경에서 눈의 중요성과 다양성이 반영된 결과라고 할 수 있다. 또한 색상은 다양한 문화에서 특정한 상징적 의미를 갖게 되는데, 이는 색상에 대한 인간의 인식과 해석에 문화가 절대적 영향을 미친다는 것을 재확인시킨다. 우리가 익히 알듯이, 흰색은 서양 문화에서 순수함과 연관되는 반면, 일부 아시아 문화에서는 애도나 죽음과 연관된다. 검은색도 마찬가지로 문화에 따라 상징적 의미가 달라진다. 결국 생리학적 수준에서 본다면, 모든 인간은 눈의 구조와 뇌가 시각 정보를 처리하는 방식으로 인해 색상을 인식하는 능력이 비슷하다고 할 수 있다. 그러나 우리가 이러한 색상을 분류하고, 명명하고, 이해하는 방식은 우리가 사용하는 언어, 색상에 부여하는 문화적 의미, 우리가 사는 환경에 따라 상당히 달라진다는 것이다.

나의 오감과 감정도 문화의 산물이다

맛에 대한 우리의 감각이나 느낌도 마찬가지로 문화의 영향을 많이 받는다. 어떤 맛들이 객관적으로 존재하고 우리가 그것을 동일하게 받아들이는 것이 아니라는 얘기다. 미각의 생리적 기본은 보편적으로 단맛, 짠맛, 신맛, 쓴맛, 감칠맛, 기름맛 여섯 가지이고, 모든 인간은 이 여섯 가지 맛을 지각할 수 있는 능력이 있지만, 이러한 맛을 경험하고 감상하는 방식은 문화적 맥락에 따라 상당히 다를 수 있다. 특정 맛과 음식에 대한 선호도는 어린 나이부터 발달하며 문화의 영향을 크게 받는다. 한 문화권에서 맛있다고 여기는 것이 다른 문화권에서는 불쾌하게 여겨질 수 있다. 중국, 동남아시아 국가들에서 많이 사용하는 '샹차이' 혹은 '고수'는 많은 한국 사람들에게 거부감을 준다. 반대로 우리가 즐겨 먹는 참기름도 서양 사람들 중 일부는 달가워하지 않는다. 반대로 강한 냄새가 나는 일부 치즈는 프랑스인들에게는 매우 소중한 음식으로 여겨지지만, 다른 곳에서는 불쾌하게 여겨질 수도 있다. 그리고 한국인이나 일본인들이 좋아하는 감칠맛은 우리가 조미료에서 느끼는 맛인데, 서양인들은 크게 선호하지 않는다.

음식 패턴과 맛 선호도는 세대를 거쳐 전해지기도 하는데, 가족은 개인의 취향을 형성하는 데 중요한 역할을 한다. 어릴 때부터 집과 지역 사회에서 정기적으로 소비되는 음식을 즐기는 법을 배운다. 매운맛도 대표적인 문화적 코드다. 한국, 인도, 멕시코, 태국과 같은 많은 문화권에서 매운맛은 요리의 필수적인 요소이다. 매운 음식에 대한 내성과 선호도는 종종 어린 나이부터 반복적으로 노출되면서 발달하는데, 평생토록 그 개인의 맛 취향에 크게 영향을 미친다. 프랑스나 스페인, 이탈리아 등 서유럽 국가들에서 식탁에 와인이 빠지면 마치 우리 식탁에 국이나 된장이 빠진 것과 같다. 그래서 서구인들은 와인에 자주 노출되고 경험을 많이 쌓게 되면서 와인 맛을 섬세하게 구별할 수 있는 능력이 생긴다. 반면 한국 사람들은 와인 맛은 잘 구별하지 못하지만 평생 먹어 온 된장, 김치 맛은 잘 구별할 줄 안다. 이처럼 어떤 맛을 자주 경험하게 되느냐에 따라서 맛에 대한 취향과 구별 능력이 달라진다. 결국 우리가 느끼는 맛조차 객관적으로 실재한다기보다는 문화에 따라서, 개인적 경험에 따라서 주관적으로 인식하는 것에 불과하다는 결론에 이르게 된다.

음악에 대한 취향은 어떨까? 개인적 취향인가, 아니면 문화적 취향인가? 많은 사람이 자신의 음악적 취향이 개인의 자유의지에 따라 선택한 것이라고 착각하고 있다. 음악 역시 개인이 속한 문화의 절대적 영향에서 벗어나기 힘들다. 각 문화는 고유한 음악 형식, 악기 및 스타일을 가지고 있으며, 이는 그들의 역사, 전통 및 가치를 반영한다. 예를 들어, 우리의 전통 음악인 국악, 인도의 전통 음악, 스페인의 플라멩코, 미국의 재즈는 각각의 문화를 독특하게 표현한다. 오늘날 K-Pop은 세계화된 대한민국의 복합성을 담고 있다. 문화 교류와 세계화는 음악 스타일의 혼합을 촉진한다. 한 개인의 음악적 취향은 아주 어릴 때부터 가족과 공동체의 음악에 노출됨으로써 형성된다. 이어지는 공식적 및 비공식적 음악 교육도 음악적 취향에 영향을 미치겠지만,

스페인의 플라멩코
집시, 아랍, 유대, 그리고 스페인 문화가 스며든 전통적인 음악과 춤
- 사진 출처: 위키미디어커먼스

오늘날은 학교 음악 교육보다도 라디오, TV, 영화 및 스트리밍 플랫폼이 더 절대적인 영향을 미친다고 볼 수 있다. 그래서 문화가 급변하는 오늘날에는 한 나라 안에서도 음악적 취향에서 세대 간 간극이 크다. 세대 간 간극이 크다는 것은 한 개인의 음악적 취향이 자기 세대의 취향에서 벗어나지 못한다는 말이기도 하다. 어쨌든 한 개인의 음악적 취향이나 정서도 지역적, 시대적 문화의 영향에서 벗어날 수 없다는 것은 자명한 이치다.

모든 것은 고정된 의미가 없다

 마지막으로 언어와 관련하여 일상적으로 우리 인간이 범하는 착각에 대해서 언급하고자 한다. 우리는 언어가 의사소통의 도구라는 점은 기본적으로 다 알고 있다. 다른 동물들도 간단하나마 자기들끼리 의사소통에 필요한 언어가 있다는 것을 떠올려 보면 인간의 언어도 그렇게 출발하지 않았을까 쉽게 추측해 볼 수 있다. 언어학자들의 연구에 따르면, 침팬지들도 '바', '도' 등 낱소리들을 내며 의사소통을 하는 것으로 보인다. 인간이 서로 구분해서 낼 수 있는 낱소리는 36개 정도인데, 이 점에서 인간은 침팬지와 크게 차이가 나지 않지만, 이러한 36개의 소리를 결합하여 복잡한 단어와 문장을 구성해낼 수 있다는 점에서 침팬지와 결정적으로 구별된다고 한다. 그리고 시간이 흘러가면서 인간의 삶이 점점 복잡해짐에 따라서 인간의 언어는 점점 세분화되고 정교해지면서 복잡한 세상과 생각을 반영하게 되었을 것이고, 결국 나중에는 거꾸로 그 언어가 대상을 구별하고 세상을 이해하는 데 영향을 미치는 상황으로 진행된 것으로 추정된다. 다시 말해, 단순한 의사소통에서 출발한 언어가 나중에는 인식과 사고에 영향을 미치게 되었음을 시사하는데, 언어가 인식에 어느 정도까지 영향을 미칠 수 있느냐에 대해서는 아직 의견이 분분하다.

언어가 인식에 크게 영향을 미치지만, 인간이 언어를 벗어나서는 사고할 수 없을 정도는 아니다. 왜냐하면 서로 전혀 다른 언어를 사용하는 집단이 공통된 문화를 공유하는 일은 흔히 관찰되고, 또 어떠한 개념이라도 직접적으로 대응되는 어휘가 없을 뿐이지 돌려서 설명하는 것은 가능하기 때문이다. 단지 그 어휘의 존재 유무는 필요에 따르는 것이라고 할 수 있다(위키백과). 또 엘리노어 로쉬 하이더(Eleanor Roch Heider)의 연구에 따르면, 뉴기니의 다니족은 색상에 대한 어휘가 제한적이며, 대략 '밝음'과 '어둠'으로 번역되는 기본 용어를 사용하지만, 이러한 언어적 한계에도 불구하고, 이 부족의 구성원은 색상 어휘가 더 풍부한 언어 사용자와 비슷한 정확도로 색상을 구별하는 법을 배울 수는 있다고 한다. 이는 인류의 색상 인식에 보편적인 기반이 있다고 하더라도, 문화와 그 주된 요소인 언어가 색깔의 인식에 중요한 영향을 미친다는 사실을 시사한다.

어떤 단어나 문장도 고정된 의미는 없다

언어와 관련하여 우리 인간이 흔히 습관적으로 착각하는 바는, 어떤 단어나 문장의 고유한 의미가 있다고 생각한다는 점이다. 인간들 사이에 일어나는 수많은 분쟁과 오해의 원인은 바로 어떤 단어나 문장의 고정된 의미가 있다는 오해에서 비롯된다고 할 수 있다. 그런데 사실은 그렇지 않다. 물난리로 모든 것을 잃은 상황에서 누군가 "물이다!"라고 소리칠 때 그것은 공포의 절규이다. 하지만 사막에서 갈증으로 고통받는 여행자에게 "물이다!"는 환희의 외침이다. 같은 말이지만 상황에 따라서 정반대의 의미를 지닌다. 우리가 흔히 사용하는 '사랑'이라는 단어를 한번 생각해 보자. 물론 '사랑'의 사전적인 뜻은, 사전마다 조금씩 차이는 있지만, 대략 '어떤 사물이나 대상을 아끼고 소중히 여기거나 즐기는 마음 또는 그런 일'이라고 나온다. 그런데 현실에서 우리가 사용하는 실상을 보면 그 의미가 상황에 따라서 천차만별이다. 연인끼리의 사용하는 '사랑'과 어머니가 아이에게 사용하는 '사랑', 종업원이 손님에게 말하는 '사랑', 반려동물에 대한 '사랑', 국가에 대한 '사랑', 음식에 대한 '사랑' 등등 수없이 많은 상황에서 우리는 사랑이라는 말을 사용한다. 누구나 각각의 상황에서 그 '사랑'의 의미는 천차만별이라는 것을 안다. 그리고 그것을 사용하는 사람마다 그 의미를 다르게 생각하고 있다는 것도 다 이해한다. 그래서 통신판매원이 예쁜 목소리로 상냥하게 "고객님, 사랑합니다!"라고 해도 우리는 크게 감동받거나 설레지 않는다. 차를 몰고 가다가 내가 약간 실수를 했는데 상대방이 창문을 열고 욕설을 하면 순간적으로 감정이 폭발하면서 맞대응하는 사람도 있고, '미친놈, 성질 더럽네!' 하면서 그냥 넘겨버리는 사람도 있다. 그 욕을 어떤 의미로 받아들이냐는 것은 순전히 자기 마음이다. 상사에게 한 소리 들으면 밤에 잠이 안 오는 사람이 있다. 그 상사는 별생각 없이 툭 내뱉은 말인데 아래 직원에겐 엄청난 충격을 줄 수 있다. 반대로 같은 상사가 다른 직원에게는 더 심한 소리를 해도 그 직원은 크게 신경을 쓰지 않는 경우도 있다. 정치판에서는 툭하면 어떤 인물이 말한 단어를 놓고 시비를 가리느라 이전투구를 벌이기도 한다. 왜 이런 일들이 발생하는가?

무의식적으로라도 언어는 고정된 의미가 없다고 생각하는 사람은 일상에서 많은 경우 갈등 상황을 유연하게 넘어가지만, 언어가 고정된 의미를 갖는다고 착각하는 사람은 고통을 받거나, 분쟁에 휘말린다. 같은 단어라도 서로 생각하는 의미가 다르고, 상황에 따라 그 의미가 다르다는 것을 순간적으로 망각하거나 착각하기 때문에 생기는 일들이다. 같은 욕이라도 욕을 거의 하지 않는 사람이 하는 것과 욕을 입에 달고 사는 사람이 하는 것과는 그 의미가 크게 다르다. 같은 욕이라도 친구 사이에 친근감의 표현으로 하는 욕과 모르는 사이에 하는 의미는 전혀 다르다. 받아들이는 사람의 생각이나 정서에 따라서 그 의미가 다르다. 중요한 것은 욕이든 사랑의 표현이든 어떤 상황, 어떤 관계에서 발설되느냐에 따라서 그 의미가 결정된다는 것이다. 그래서 말 그 자체보다 말하는 사람의 저의를 파악할 줄 아는 사람이 소통에 능한 사람이 되는 것이다. 결국 우리의 감정이나 느낌의 대상뿐만 아니라 언어마저도 고정된 의미가 없다는 것이다. 그 언어가 형성된 문화의 토양, 그 언어를 사용하는 개인의 사고나 감성, 그 언어가 사용되는 순간의 상황에 따라서 같은 단어나 문장의 의미는 달라진다는 것이다.

같은 작품도 역사적 문화적 맥락에 따라 변한다

언어의 의미는 가변적이라는 인식을 극명하게 드러내는 문학작품이 있다. 아르헨티나의 작가 호르헤 루이스 보르헤스Jorge Luis Borges의 단편 〈돈키호테의 작가, 피에르 므나르〉(*Pierre Menard, autor del Quijote*)라는 작품이다. 이 이야기는 가상의 작가 피에르 므나르에 대한 문학 에세이 또는 비평처럼 전개된다. 20세기 프랑스 작가인 므나르는 17세기에 쓰인 미겔 데 세르반테스Miguel de Cervantes(1547~1616)의 『돈키호테』를 한 글자도 다르지 않게 재창조하겠다는 목표에 도전한다. 단순히 복사하거나 다시 쓰는 것이 아니라, 마치 자신의 오리지널 작품인 것처럼 똑같은 텍스트를 쓰겠다는 것이다. 그것도 므나르 자신이 정신적으로 17세기로 돌아가 재창조하는 것이 아니라, 20세기 맥락에서 쓰면서도 동일한 텍스트를 만들어내겠다는 것이다. 므나르는 실제로 돈키호테의 몇 장만 작성했지만, 화자는 이 텍스트가 세르반테스의 원본과 완전히 의미가 다르며, 어떤 면에서는 더 우수하다고 주장한다. 왜냐하면 20세기의 지식과 경험이 담겨있어 같은 단어라도 새로운 의미를 지니기 때문이라는 주장이다.

보르헤스는 이 단편을 통해서, 어떤 텍스트도 고립된 상태에서 고정된 의미로 존재하지 않으며, 문학작품의 의미는 역사적, 문화적 맥락에 따라 변할 수 있다는 것을 강하게 암시하고 있다. 같은 단어나 문장이라도 17세기의 세르반테스가 사용한 것과 20세기의 므나르가 사용한 것은 그 의미가 같지 않다는 것이다. 물론 한 개인이 같은 작품을 읽어도 언제 어떤 상황에서 읽느냐에 따라 의미가 다르게 다

호르헤 루이스 보르헤스(Jorge Francisco Isidoro Luis Borges, 1899~1986)
철학적, 형이상학적 주제를 환상 문학의 요소와 결합시킨 작가

- 사진 출처: 위키백과

가온다는 사실을 우리는 잘 알고 있다. 보르헤스의 이런 태도를 더 깊이 생각해 보면, 단지 문학과 문화만이 고정된 의미가 없는 것이 아니라 우리가 지각하는 모든 대상은 고정된 의미가 없다는 것으로 확장할 수 있다. 부부나 가족

이나 형제간의 관계가 갖는 의미도 조선시대 사람과 오늘날 대한민국 사람들의 생각은 많이 다르다. 임금과 백성 간의 관계에 대한 조선시대의 생각과 대통령과 국민 간의 관계에 대한 오늘날 생각은 판이하게 다르다. 조선시대에는 신분의 경계가 뚜렷한 계급 사회가 많은 사람들에게 자연스러웠겠지만, 오늘날의 관점에서 보면 이해할 수 없다. 조선시대에는 돈보다는 명예나 체면을 중요시했다면 오늘날에는 그 반대에 가깝다. 조선시대와 오늘날을 비교해 보면, 개나 고양이에 대한 생각도 천양지차다. 자연에 대한 태도도 마찬가지다. 앞에 열거한 것들에 대한 중국 사람의 생각과 미국 사람의 생각도 서로 다를 것이다. 이 세상 모든 것은 고정된 의미가 없으며, 시대에 따라 상황에 따라 그 의미가 결정된다는 것을 보르헤스는 말하려 했을 것이다.

언어의 의미는 왜 이렇게 가변적인가? 왜 우리의 언어는 우리의 현실을 잘 담아내지 못할까? 언어는 왜 이렇게 허술한가? 우리는 태어나서 세상을 알아가는 과정에서 언어를 통해 세상을 구별하는 방법을 배운다. 저건 '달걀'이고, 저건 '병아리'고, 저건 '닭'이라고 배운다. '수증기'고, '구름'이고, '물'이라고 배운다. 물론 그런 단어들을 통해 차이점들을 인식하지만, 동시에 그 단어들을 통해 사물들을 구별함으로써 그 사물들 사이의 공통점을 지워버리거나, 그 사물들 사이에 지나치게 경계를 명확하게 긋는다. 예를 들어, 음식은 물과 공기와 함께 우리 몸에 들어와서 복잡한 소화 과정과 변이 과정을 통해 우리의 몸으로 변한다. 그 과정에서 어디부터 음식이 우리 몸으로 변하는지, 우리가 섭취하는 음식, 물, 공기와 우리 몸 사이의 경계를 어디에 두어야 할지 과학적으로 애매하다. 우리는 일상적으로 '몸'과 '음식'과 '물'과 '공기'라는 단어를 사용하기 때문에 그들 사이의 경계를 확연하게 구별 짓지만, 과학적으로 그 경계는 명확하지 않다. 우리 몸속에 있는 물과 산소를 우리 몸이라고 해야 할까, 아니라고 해야 할까? 이처럼 언어는 우리가 세상을 인식하는 데 유용한 도구이지만, 한편으로는 우리가 세상을 있는 그대로 인식하는 것을 왜곡하고 방해한다. 언어는 우리의 사고를 제약하는 하나의 틀이 된다. 그래서 끝없이 변화하고 그 경계가 애매한 수많은 사실들과 현상들을 제대로 이해하고 표현하는 것이 어려워진다.

    더구나 인류가 진화해 오는 과정에서 세계에 대한 인식이 제대로 성숙되지 않은 상태에서 임의적으로 사물에 이름을 붙이고 개념을 만들어왔기 때문에 오늘날 양자역학이 보여주는 양자의 속성을, 다시 말해, 기존의 인식 잣대로는 '모순적으로 보이는' 양자의 속성을 이해하기 어려운 것이다. 양자의 속성이 '입자이기도 하고 파동이기도 하다'라는

하이젠베르크(Werner K. Heisenberg, 1901~1976)
불확실성과 복잡성을 탐구하도록 이끈 양자역학의 창시자

– 사진 출처: 위키백과

모순적인 방식으로 설명할 수밖에 없는 것이다. 또한 두 입자가 얽혀있을 때, 한 입자의 상태를 측정하면 다른 입자가 아무리 멀리 떨어져 있더라도 즉시 그 상태가 결정되는 현상인 '양자 얽힘'도 이해하기 힘든 현상이다. 또 하이젠베르크Werner K. Heisenberg의 불확정성 원리에 따르면 입자의 위치와 운동량(속도)을 동시에 정확히 측정할 수 없다. 예를 들어, 전자의 위치를 정확히 알면 그 운동량은 불확실해지며, 반대로 운동량을 정확히 알면 위치가 불확실해진다고 한다. 이 역시 우리 인간이 세상에 대한 이해가 완전하지 않은 상태에서 '위치'나 '운동량' 등에 대한 개념을 갖게 되고 그것을 언어로 표현해 왔기 때문에 최근 과학이 드러내는 모순적인 현상 앞에서 겪는 혼돈이라고 할 수 있을 것이다.

나의 사고도 문화적 영향에서 벗어나기 어렵다

지금까지 수많은 예를 통해서 확인했듯이, 아주 예외적인 경우가 있을지도 모르지만, 대부분 인간의 사고는 자기가 속한 문화의 집단적 사고에서 벗어나기 어렵다. 예를 들어, 그리스 고대 철학자로 오늘날까지 존경받는 아리스토텔레스Aristotles(BC 384~BC 322)조차도 그 시대의 사고에서 벗어나지 못했기 때문에 노예론을 주창했다. 인간은 주인의 본성을 지닌 사람이 있고, 노예의 본성을 지닌 사람이 있는데, 노예의 본성을 지닌 자가 지배를 받는 것은 오히려 본인에게도 도움이 된다는 얘기를 했다. 또 유럽 전통철학의 완성자이자 현대철학의 출발점으로 여겨지는 헤겔G. W. Friedrich Hegel(1770~1831)조차도 "아시아는 문명의 시작일 뿐이고, 유럽은 인류문명의 종착지다"라고 무모한 말을 서슴지 않았다. 지금 우리의 관점에서 보면 헛웃음이 저절로 나오는 얘기지만, 그 시대 대부분의 유럽 사람들은 객관적인 진실이라고 믿었을 것이다. 언어를 포함해서 문화는 우리의 사고방식뿐만 아니라 우리의 감정조차도 조종한다는 것을 많은 예를 통해서 확인했다. 개인은 자기 의지대로 사고하고 자기 취향에 따라 느낀다고 착각할 뿐, 실지로는 자기가 속한 시대와 지역의 문화에서 벗어난 생각을 하거나 감정을 느끼기 어렵다. 만약 그 시대의 사고와 문화에서 벗어나는 생각과 행동을 하는 사람이 있다면 우리는 그들을 선구자, 혁명가라고 부르거나, 아니면 미친놈이라고 부른다. '인간은 자유의지를 가지고 있다'라고 여기는 것 자체가 크나큰 착각이다. 자, 이제 우리는 호모 사피엔스(Homo Sapiens, 지혜로운 인간)에게 호모 에라티쿠스(Homo Erraticus, 착각하는 인간)라는 또 다른 별명을 붙여주어야 하지 않을까?

제5장

사회적 동물의 숙명, 외로움

인간은 사회를 만들고, 사회는 인간을 만든다

인간은 혼자 살 수 없는 존재다. 인간은 집단생활을 통해서 진화한 동물이다. 진화론적 관점에서 볼 때, 원시인들은 신체적으로 생태계에서 강력한 포식자가 아니라 먹이사슬에서 중간 정도 위치하는 존재였기 때문에 혼자서는 살아남기가 힘든 신체적 조건을 가지고 있었다. 그래서 초기 인간들은 늘 적대적인 환경과 강력한 포식자의 위험에 직면했고, 그 단점을 극복하기 위해 집단으로 협력함으로써 사냥을 더 효율적으로 할 수 있었고, 포식자로부터 방어하며 자신의 생명을 유지하고 번식할 수 있었다. 원시시대에 집단에서 벗어나 혼자 있게 된다는 사실은 곧 죽음을 의미했다. 또한, 공동체는 자녀 양육에 필수적이었으며, 이는 종의 생존을 보장했다.

아리스토텔레스는 인간을 '사회적 동물'이라고 정의한 최초의 철학자로 알려져 있다. 진화론적 세계관을 접하지 못한 아리스토텔레스이지만, 그의 저서 『정치학』에서 인간이

'인간은 사회적 동물'이라는 특성이 잘 드러나는 촛불집회 광경

본성적으로 공동체 안에서 살아가도록 만들어졌으며, 인간이 행복한 삶(eudaimonia)을 이루기 위해서는 사회생활이 필수적이라고 주장했다. 그는 도시나 폴리스는 인간에게 자연스러운 조직 형태이며, 사회 바깥에서는 인간이 자신의 잠재력을 완전히 실현할 수 없다고 보았다. 토마스 홉스Thomas Hobbes(1588~1679)는 인간의 삶이 자연상태에서는 '만인에 대한 만인의 투쟁'으로 되어 외롭고, 빈곤하고, 불편하고, 야만적이고, 생명이 짧아지기 때문에, 그런 자연상태에서 벗어나 자신의 안전과 질서를 지키기 위해 사회를 구성하고 정부를 만드는 것이라 했다. 조금씩 차이는 있지만 존 로크John Locke(1632~1704)나 장 자크 루소Jean Jacques Rousseau(1712~1778)도 인간이 자신의 생명과 자유와 재산을 지키기 위해서는 사회조직이 필수라는 것을 인정했다.

인간과 사회의 관계에 대해서 아리스토텔레스부터 홉스, 로크, 루소에 이르기까지 대체로 인간은 사회를 형성함으로써 자신의 생존과 안녕을 보장받는다는 점에 초점을 둔 사상들이었다면, 20세기로 넘어오면서는 사회가 인간 정신이나 정체성 형성에까지 깊은 영향을 미친다는 주장으로 발전한다. 사회학의 창시자 중 한 명인 에밀 뒤르켕David-Émile Durkheim(1858~1917)은 사회가 그 자체로 개인의 생각과 행동에 큰 영향을 미치는 하나의 실체라고 주장하기에 이른다. 그에 따르면, 사회는 단순히 개인들이 모인 집단에 그치는 것이 아니라 그 자체로 고유한 성격과 법을 가진 객관적인 실체로서 개인의 믿음과 가치관, 행동에 깊이 영향을 미친다. 어떤 사회의 구성원들이 공유하는 믿음, 가치, 규범 등으로 이루어진 '집단의식'(collective consciousness)은 개인의 행동을 유도하고 통제함으로써 결국은 개인이 그 집단에 순종하는 상황에 이르게 한다.

나의 사고와 정체성은 사회가 만든다

뒤르켐이 사회가 개인보다 우위에 놓인 실체로서 개인의 생각이나 행동을 강제하는 측면이 강하다고 주장한 반면, '상징적 상호작용론'의 이론가인 조지 허버트 미드George Herbert Mead(1863~1931)는 정체성과 자아가 사회의 압도적인 영향력에 의해 형성되기보다는 개인과 다른 구성원들 사이에, 혹은 개인과 사회 사이에 상호작용을 통해서 형성되고 발달해 나간다고 주장했다. 그의 저서인 『사고, 자아 그리고 사회』(Mind, Self and Society)에서 그는 인간의 사고방식은 완전히 형성된 상태로 태어나는 것이 아니라 사회의 다른 구성원과의 소통과 상호작용을 통해서 형성된다고 주장한다. 그에 따르면, 사회는 개인의 정체성이 형성되어 가는 토양이다. 개인은 사회의 규범, 사회가 존중하는 가치, 기대 등을 나름대로 해석하고 내면화시켜 자아를 형성해 간다는 것이다. 사회가 개인의 사고와 정체성 형성에 영향을 미치는 정도가 아니라 개인의 사고와 정체성은 사회가 만든 틀에 의해서 형성된다고 할 정도로 절대적으로 관여한다는 것이다.

예를 들어 어린 아이들은 역할 놀이를 많이 한다. 엄마, 아빠 역할 놀이에서부터, 소방관, 경찰, 의사, 간호사, 선생님, 연예인 등 놀이를 하면서 사회에서 그 직업인이 가지는 역할이나 가치를 자기도 모르게 익히게 된다. 물론 그 직업들이 가지는 사회적 평판이나 선호도가 시대에 따라 변하기 마련인데, 그런 경우 그 시대의 직업별 선호도에 따라 아이들이 역할 놀이에서 원하는 역할에도 영향을 미치게 된다. 조선시대의 아이들의 역할 놀이는 어떤 것들이 인기가 좋았을까? 그 역할 놀이는 순수하게 자신들이 좋아해서 선택하기보다는 부모들이나 사회에서 선호하는 것을 모방하게 되었을 것이다. 그리고 같은 엄마 아빠 놀이라도 그 내용이 지금 아이들과는 많이 달랐을 것이다. 즉 이런 과정을 통해 사회의 가치를 자신도 모르게 습득하고 내면화하게 된다는 것이 미드의 주장이다. 그리고 자신의 정체성 형성에서도 사회의 다른 구성원들의 평가는 중요한 기제로 작동한다. 내가 어떤 것을 했을 때 주변에서 자주 칭찬을 하거나 좋은 반응를 보이면 '아, 내가 여기에 소질이 있구나' 아니면, '아, 이런 것을 하니까 사람들이 나를 인정해 주는구나' 하는 생각을 하게 되고 그러한 가치들을 내면화시키고, 그 방향으로 더 노력하게 된다. 그렇게 해서 타인들의 반응 혹은 사회적 반응은 개인의 정체성을 형성하고, 삶의 방향을 결정하는 데 크게 영향을 미치게 된다.

사회가 개인의 사고와 정체성 형성에 절대적 역할을 하는 데 있어 가장 핵심적인 요소는 언어이다. 그 사회가 자주 사용하는 언어는 그 개인의 사고와 정체성 형성에 절대적 영향을 미친다. 상상해 보자. 조선시대에는 어떤 단어들이 그 시대의 소중한 가치를 드러내면서 많이 사용되었을까? 충성, 효도, 가문, 명예, 도리, 의리, 예절 등 그런 단어들이 아니었을까? 오늘날에는 어떤 단어들이 많은 사람들이 추구하는 가치를 담고 있을까? 돈, 학벌, 명품, 성공, 능력, 행복, 개성, 효율 등이 아닐까? 그래서 모두 아침부터 밤까지 이런 것들을 추구하느라 여념이 없다.

오늘날 우리 사회 구성원들이 가장 신경을 쓰는 가치는 돈인 것 같다. 물론 어느 시대나 인간이 생존하기 위해서는 물질이 가장 중요한데, 오늘날 우리가 돈에 부여하는 가치는 지나치다. 돈을 위해서라면 친구도, 가족도 포기할 수 있다는 태도가 만연해 있다. 그런데 재화가 무한정 있는 것도 아닌데 모두가 그것을 향해 달려가니 경쟁이 치열해질 수밖에 없고, 아주 소수만 승자가 되고 대다수는 패자가 된다. 인간인 이상 비교는 본능적으로 할 수밖에 없고, 대중매체를 통해 기대치를 높게 잡기 때문에 불만은 커질 수밖에 없다. 그래서 물질적으로 수십 배 풍부해졌음에도 불구하고 불행감은 더 커졌다. 이처럼 좋고 나쁜 것을 떠나서, 어느 시대, 어느 사회가 추구하는 가치를 담고 매일 사용되는 이런 언어들이 우리의 행동과 사고의 형성에 가장 결정적인 영향을 미친다는 것이 미드의 주장이다.

나의 가치관도 사회와 시대가 만들어낸 것

가만히 생각해 보면 너무나 자명한 이야기다. 농경사회의 구성원들은 그 농경사회의 가치를 알게 모르게 습득하고 그에 따라 자신의 정체성을 형성하고 사고방식이 만들어진다. 유목사회의 구성원은 유목사회가 필요로 하는 덕목을 추구하게 되고, 그에 맞게 자신의 가치관을 형성한다. 산업사회에서 정보사회로 넘어가면서 인간의 사고도 그 사회의 변화에 영향을 받을 수밖에 없고, 우리의 세계관도 바뀔 수밖에 없다는 것은 당연해 보인다. 그런데도 불구하고 지금까지 우리는 나의 이성과 지성과 의지를 통해서 내가 나의 사고방식을 만들어오고 나의 가치관을 확립한 것으로 믿으며 살아온 것은 아닐까? 그러나 나의 사고와 주관이라는 것도 사실은 많은 부분 내가 속한 사회와 이 시대가 만들어낸 것에 불과하다는 것을 인정하는 것이 나와 사회의 화평을 위해 올바른 태도가 아닐까?

일반적으로 개별적 능력이 더 뛰어났던 네안데르탈인과 생존 경쟁하던 시대의 호모 사피엔스에서부터 인간은 생존을 위해서 더 집단적 삶을 살게 되었다. 그리고 농경사회로 접어들면서 점점 복잡한 사회를 구성하게 되었고, 거기에 적응하는 과정에서 계속 사회적 진화가 이루어졌다고 생각한다. 즉, 인간이 완성된 개체로서 서로 집단을 만들고 협력하고 살아온 것으로 피상적으로 생각해 온 것이 사실이다. 그런데 최근 사회학에서 주목하고 있는 점은 사회가 구성원의 사고와 정체성을 형성하는 데 절대적인 영향을 미친다는 점이다. 말하자면, 원시사회에서든, 농경사회에서든, 산업사회에서든 인간은 자기가 속한 집단의 규범과 가치를 어릴 때부터 받아들이는 과정 속에서 사고방식과 자아의식을 형성해 간다는 것이다. 결국 개인이 속한 집단과 사회가 구성원들의 사고와 정체성 형성에 있어 근본 토대를 마련하고 개인은 그 토대를 벗어나기 어렵다는 것이다.

그렇다고 인간의 자율성의 여지, 사회의 모순이나 부당함을 인식하고 거기에 반기를 들고 자기 방식으로 사회를 변형시키는 여지가 완전히 박탈된 것은 아니다. 한 인간은 가족, 정당, 종교, 국가 등 복수의 사회에 동시에 참여하면서 그 집단에 참여하는 자신을 되돌아봄으로써 문제를 발견할 수 있는 반성적 사고를 가지고 있기 때문이다.

외로운 인간, 호모 솔루스

인간은 외로움 혹은 고독감을 느끼는 동물이다. 외로움은 '홀로 남겨진 느낌'이고, 고독감은 '자발적으로 혼자가 되어 자신만의 시간에 집중하는 느낌'이라고 구분하기도 한다. 혼자 지내는 것도 편하고 괜찮다는 사람이 많아지는 시대이지만, 그런 사람들도 외진 곳에서 오랫동안 혼자 지내면 외로움을 느낄 것이다. 혼자 지내는 데 익숙한 호랑이도 외로움을 느낄까? 독수리도 외로움을 느낄까? 만약 외로움을 부정적이고 고통스러운 감정으로 경험한다면 호랑이나 독수리도 무리 지어 살아가는 방향으로 진화했을 것이다. 진화론적 입장에서 보면, 인간을 비롯한 영장류나 늑대, 코끼리, 개미, 벌 같은 다른 사회적 동물들은 집단생활을 하는 것이 생존과 번식에 유리했기 때문에 사회적 동물로 진화해 온 것이다. 무리 생활은 포식자로부터의 자신을 보호하는 데 필요하고, 사냥이나 먹거리 확보에 유리하고, 자손 돌보기와 같은 진화적 이점을 제공하기 때문이다. 무리 지어 사는 동물들의 뇌는 대체로 사회적 연결을 긍정적으로 인식하고, 연결의 부재를 위협이나 스트레스로 인식하도록 진화했다고 볼 수 있다. 진화적 관점에서 이런 부정적인 감정은 개체가 다시 사회적 연결을 찾도록 동기를 부여하는 신호일 수 있다. 위험하니 다시 무리로 되돌아가라는 신호라는 것이다.

 인간은 오랫동안 혼자 있으면 외로움이나 두려움을 느끼게 되어 사람을 찾도록 진화했다. 사회적 연결은 우리 인간의 생존과 복지에 필수적이기 때문에, 고립은 고독과 같은 부정적인 감정을 유발하도록 진화해 온 것이다. 특히, 호모 사피엔스는 한 동안 이 지구상에서 공존했던 네안데르탈인에 비해 육체적으로는 열등했으나, 더 사회적이고 협동적인 동물이었기 때문에 생존할 수 있었다(유발 하라리(Yuval Noah Harari) 지음, 조현욱 옮김, 『호모 사피엔스』, 김영사, 2015). 수렵채취를 하면서 살아가던 시대에 인간은 무리에서 벗어나는 순간, 부족에서 쫓겨나 외톨이가 되는 순간, 더 큰 짐승에게 잡아 먹히든지 아니면 굶어 죽든지 했을 것이다. 그리고 번식도 하지 못했을 것이다. 다시 말해서, 원시시대에 혼자 있다는 것은 곧 죽음을 의미했다. 그래서 인간은 어떻게 해서든지 그 집단에서 배제되지 않기 위해 행동하고 그런 방향으로 진화해 왔으리라고 짐작할 수 있다. 그리고 자신이 그 집단 내에서 안정적인 인간관계를 가지고 있을 때에는 매우 편안한 감정을 경험했을 것으로 추측해 볼 수 있다. 결국 수십만 년 동안 진화해 오면서 혼자되는 것은 치명적이기 때문에 인간에게 있어 외로움은 극도로 부정적이고 고통스런 감정으로 자리 잡지 않았을까 추정해 볼 수 있다. 그래서 괴테Johann W. Goethe(1749~1832)는 "천국에 혼자 살게 하는 것보다 더 큰 형벌은 없다"고 말했던 것이다.

외로움은 생존 메커니즘이다

존 카시오포John T. Cacioppo와 윌리엄 패트릭William Patrick이 쓴 책, 『외로움: 인간의 본성과 사회적 연결의 필요성』(*Loneliness: Human Nature and the Need for Social Connection*, 2008)에 따르면, 외로움은 단순히 혼자 있는 상태가 아니라 사회적 고립감이라는 주관적인 감정이다. 진화적 관점에서 저자들은 외로움이 사회적 연결을 찾도록 우리에게 동기를 부여하는 생물학적, 감정적 반응이라고 설명한다. 고독감이 생존 메커니즘이라는 것이다. 진화 과정에서 사회적 연결은 개체의 안전과 생명보호, 협동작업에 필수적이었으며, 고독감을 느끼는 것은 생존과 복지에 필수적인 사회적 연결이 부족하다는 신호라고 주장한다.

오늘날에도 여전히 왕따를 당하는 사람은 엄청난 고통을 경험하게 되고, 때에 따라서는 자살로 이어지기도 한다. 외로움을 느끼면 신체 건강도 크게 나빠진다는 연구 결과도 종종 접한다. 결국 외로움은 사회적으로 배제되는 것과 같은 현상으로 신체가 받아들이기 때문에 곧 인간이 죽음을 마주할 때처럼 강한 스트레스를 준다고 추정할 수 있다. 인간에게 있어 사회적인 동물이라는 속성은 아주 핵심적 인간 본성이 되었기 때문에 왕따당하는 느낌은 다른 어떤 동물에게서보다 강한 부정적 감정이 된 것이다. 그래서 외로움은 치명적인 병이 된 것이라고 추정해 볼 수 있다. 의학적으로 보면, 외로움은 스트레스 호르몬인 코르티솔의 수치를 높이는데, 코르티솔(cortisol) 수치가 만성적으로 높으면 고혈압, 비만, 당뇨병, 심장병과 같은 다양한 건강 문제를 일으킬 수 있다고 한다. 고독은 우울증과 불안 장애를 일으키기 쉽고, 장기적인 고독은 인지 기능 저하 및 치매의 위험을 높이는 것으로 알려져 있다. 또 옥시토신(oxitocin)과 세로토닌(serotonin)과 같은 호르몬과 신경전달물질은 사회적 유대감이 주는 안도감이나 만족감을 느끼게 하는 중요한 역할을 담당하는데, 사회적 상호작용이 부족하면 이러한 화학 물질의 균형이 깨질 수 있으며, 이는 고독감을 촉진한다. 인간의 뇌는 사회적 상호작용을 위해 고도로 발달되어 있다. 뇌의 전두엽(frontal lobe)과 변연계(limbic system) 영역은 사회적 관계와 감정을 관리하는 데 관여하는데, 이러한 필요가 충족되지 않으면 뇌는 스트레스와 같은 감정을 유발할 수 있으며, 이를 고독으로 경험하게 된다고 한다. 같은 맥락에서, 뇌는 활발하고 건강하게 유지되기 위해 사회적 상호작용이 필요하며, 사회적 자극이 부족하면 인지 기능의 악화를 가속화 할 수 있다는 연구도 있다.

예수님은 왜 행복했을까?

외로움이 정신적으로나 신체적으로 개인에게 주는 이런 심각한 결과들을 인식하게 되었기 때문에 많은 나라에서는 국가적 차원에서 대책을 마련하고 있다. 영국 정부는 2018년 세계 최초로 사회적 고독을 담당하는 고독부(Ministry for Loneliness) 장관직을 신설했으며 차관급에 해당하는 자살예방 담당관 직도 만들었다. 고독이 개인 건강에 미치는 영향은 하루에 담배 15개비를 피우는 것과 같으며, 영국 전체로 따졌을 경우 매년 320억 파운드(약 49조 4천억 원)에 달하는 사회적 비용을 초래하는 결과와 같다고 한다. 일본에서도 2021년 고독 및 고립 문제를 담당할 각료를 임명했다 (https://h21.hani.co.kr/arti/world/world_general/51121.html).

고독감에 상반되는 감정이라고 할 수 있는 유대감이나 동료의식, 신뢰 등의 감정은 인간에게 어떤 느낌으로 경험되는가? 인간이 고독감을 회피하고 싶은 괴로운 감정으로 경험한다면 반대로 신뢰감이나 유대감은 인간이 평생 추구하는 긍정적인 감정이다. 사랑, 유대감, 동료의식을 느낄 때 인간은 깊은 즐거움이나 안락함, 든든함 같은 긍정적 감정을 느낀다. 이런 긍정적 감정은 어려운 순간에 큰 힘이 되고, 스트레스와 불안을 줄여주며, 정서적 회복력을 향상시킨다. 내가 의지할 사람이 있다는 생각은 두려움과 불안을 줄여주고, 도전에 맞설 수 있는 용기를 준다. 자신을 이해해 주고 인정해주는 사람이 있다는 것은 자존감을 높여주고 자신감을 채워준다. 앞에서 언급되었듯이, 인간은 고독감을 피하려고 노력한 만큼이나, 많은 사람과 유대감을 느끼고 신뢰를 느끼기 위해 무던히 애써왔다고 할 수 있다.

그 대표적인 예로, 다수의 인간은 자기 집단의 우두머리가 되고 싶어 한다는 점을 들 수 있다. 우두머리 자리는 물질적 풍요를 확보하는 데 유리하기도 하지만 정신적으로도 긍정적인 감정을 느끼게 해주는 자리이기 때문이다. 고독감이 죽고 싶을 정도로 매우 고통스런 감정이라면, 남들로부터 인정받고 남들과 하나가 되는 경험은 매우 긍정적인 감정을 느끼게 해준다는 것을 본능적으로 알기 때문이다. 그래서 권력을 잡기 위해 역사적으로 수많은 인간이 목숨을 잃을 수 있는 위험을 무릅쓴 것이 아닐까? 오늘날 정치인에 대해서도 이를 근거로 설명해 볼 수 있다. 정치인은 유권자들이 지지하고 환호하는 상황이 주는 강한 쾌감을 경험하려는 사람들이라고 볼 수 있다. 그 감정이 너무나 강렬하고, 중독 증세가 심각하기 때문에 어떤 사람은 정치를 마약에 비유하기도 한다. 이 모두 인간이 사회적 동물이기 때문에 생기는 현상이라고 볼 수 있다.

인간이 사회적 연결 속에서 남들과 유대감과 신뢰감을 느끼고 그러한 긍정적 감정들이 쌓여 행복감으로 승화되는 것이라면, 예수님이나 민중의 지지를 받은 진정한 지도자들 또한 상당히 행복한 사람들이었을 것이라고 추측해 볼 수 있다. 예수님은 고난의 시간도 많았겠지만, 수많은 사람과 형제애를 느끼고 그들을 위해서 목숨까지 내놓았기 때문에, 그 과정에서 강렬한 유대감과 행복감을 느꼈을 것으로 충분히 짐작할 수 있다. 아마도 진심으로 인간을 사랑하는 분들이라면, 종교 지도자이든 의료봉사자이든 민중운동의 지도자이든 엄청난 유대감과 행복감을 느끼리라고 생각된다.

마콘도 마을의 평화가 깨진 이유

지금까지 세계 문학사에서 인간의 고독과 사랑의 문제를 깊이 있게 다룬 대표적인 소설 중 하나로, 1982년 노벨 문학상을 수상한 콜롬비아의 가브리엘 가르시아 마르케스(Gabriel García Márquez)의 『백 년의 고독』(조구호 옮김, 민음

가브리엘 가르시아 마르케스(Gabriel García Márquez, 1927~2014)
'마술적 사실주의'의 대표적 작가

— 사진 출처: 위키백과

사, 2000, 원제: *Cien años de soledad*)을 들 수 있을 것이다. 이 작품은 부엔디아(Buendía) 가문의 7대에 걸친 이야기이다. 그 내용은 인류의 역사나 라틴아메리카의 역사를 빗댄 것일 수도 있고, 오늘날 인류의 고독이 어떻게 심화되었는지를 보여주는 이야기일 수도 있기에 소개하고자 한다. 부엔디아 가족과 그 지인들이 이주를 결정하고 떠돌아다니다가 원시적 자연이 그대로 남아 있는 강변에 정착해 세운 마콘도 마을은 평화로운 원시 공동체로 출발하였다. 하지만 마을이 외부 세계와 접촉하게 되고, 그에 따라 급격하게 근대화를 경험하게 된다. 마을 구성원들이 개인적 야망과 물질적 성공에 매달리면서 가족이 해체되고 구성원들 사이에 소통은 단절되어 갔다. 마침내 마콘도가 내란에 휩싸이게 되면서 마콘도의 평화는 산산이 깨어진다. 사람들은 보수파와 자유파로 나뉘고, 이성을 벗어난 불신과 대립 속에서 인간 사이의 연대감은 파괴된다. 이 작품은 개인주의와 물질만능주의를 앞세울 때 가족 간의 유대는 물론 모든 사회적 유대는 상실되고 많은 개인은 고통과 고독 속에 빠질 수밖에 없다는 것을 보여주고 있다. 동시에 그 고독에서 벗어날 수 있는 유일한 길은 오로지 연대와 사랑밖에 없다는 것을 작가는 암시하고 있다.

작가의 노벨상 수상 연설 내용은 이 작품의 연장선상에

놓인다고 할 수 있다. 그는 수상 연설에서, 서구가 강요한 삶의 방식을 따른 지 수백 년이 지난 오늘날 라틴아메리카에서 벌어지는 비극적인 사실들을 나열하고, 대량의 핵무기로 몰살의 위기에 내몰린 인류의 현실을 지적하면서 서구식 세계관을 비판한다. 그리고 서구적 잣대로 라틴아메리카인의 삶의 방식을 강요하는 것은 라틴아메리카인을 더욱 고독하게 하는 것이라고 충고한다. 마지막으로 이제 라틴아메리카인도 자신의 방식대로 유토피아를 꿈꿀 수 있는 권리가 있으며, 그들이 원하는 유토피아는 "새롭게 활짝 피어나는 생명의 유토피아이며, … 정말로 사랑과 행복이 확실하게 가능한 곳이고, 백 년 동안의 고독을 선고받은 가족들이 마침내 그리고 영원히 이 지구상에서 새로운 기회를 가질 수 있는 곳"이어야 한다고 주장한다.

사회적 동물이기에 생기는 감정들

앞에서 고독감은 인간이 사회적 동물이기 때문에 생기는 감정이라는 것을 확인했다. 그럼 고독만이 사회적 동물이기 때문에 생기는 사회적 감정일까? 오늘날 진화심리학에서는 우리의 사고방식과 감정은 집단생활의 결과물이라고 한다. 우리 뇌는 점점 복잡하게 발달해 온 사회생활에 적합하도록, 사회적 동물로 생존하는 데 필요한 방식으로 진화되었다고 주장한다. 그렇다면 먼저 인간 집단에서 응집력과 협력을 강화하도록 유도하는 감정들을 떠올려 볼 수 있을 것이다. 우리의 생존과 복지는 예나 지금이나 집단의 성패에 달려 있다고 볼 수 있기 때문이다. 그래서 집단에서의 소속감과 협력과 관련된 감정이나 사회적 응집력을 강화하는 일련의 감정이 탄생하고 진화되었을 것으로 추측해볼 수 있다.

오늘날 가장 쉽게 생각해 볼 수 있는 사회적 감정은 애국심이다. 전 세계 어느 국가에서나 찾아볼 수 있는 감정이다.

애국심은 국가에 대한 충성심과 자부심의 느낌이다. 역사적으로 이 감정은 작은 혈연집단에 대한 소속감과 애착에서 출발하여 부족애로 확장되고, 근대국가의 탄생과 함께 애국심으로 확장되었을 것이다. 이런 소속감은 개인의 정체성을 구성하는 중요한 요소로 자리 잡아 간다. 애국심은 구성원들이 공동의 이익을 위해 단결과 협력을 강화하도록 조장하는 집단적 감정이다. 실제로 20세기를 통해 나찌 정권이나 파시스트 정권, 또는 수많은 독재정권에서 보았듯이 국가의 목표나 정권의 목표를 위해 애국심을 교묘하게 조장하는 경우가 빈번했다. 하지만 유럽통합에서 보듯이 갈수록 국경이 낮아지고, K-컬처의 확산에서 보듯이 활발한 문화 교류가 진행된다면 지금 우리가 가지고 있는 애국심이라는 감정도 자연스럽게 희석될 것이다. 공동체에 대한 자부심은 애국심과 비슷하지만 도시, 학교 또는 조직과 같은 더 작은 공동체에 적용된다. 이러한 감정은 그룹 정체성을 강화하고 공동 책임을 장려한다. 공동체에 대한 자부심은 강력하고 응집력 있는 유대감을 형성하는 데 중요한 구성 요소이다. 애향심, 애교심도 규모만 작을 뿐 애국심과 유사한 집단적 감정으로서 작동 원리는 동일하다고 볼 수 있다.

공감 능력은 사회생활의 필수적 감정

애국심과 관련된 감정으로 연대감을 들 수 있다. 집단 구성원 간 한 덩어리로 연결되어 있다는 느낌이다. 연대감은 구성원들이 서로 신뢰하고, 협력하고, 도와주게 유도함으로써 집단이나 네트워크를 유지하고 발전시키는 감정이다. 진화적 관점에서 보면, 유대감을 형성하는 능력은 다른 사람과 협력할 수 있는 능력이며, 이 능력이 더 뛰어난 사람들이 생존하고 번식할 가능성이 더 높았다고 할 수 있다. 유대감의 바탕이 되는 사회적 감정으로 공감을 거론할 수 있다. 공감은 다른 사람의 감정이나 의견을 이해하고 공유할 수 있는 능력이다. 이 정서적 능력은 다른 사람의 처지와 감정, 주장을 이해하고 동조함으로써 상대와 유대감을 형성하고 갈등을 줄이고 협력으로 나아갈 수 있게 해주기 때문에 사회생활에 필수적인 감정이다. 신경과학적 연구에 따르면 공감은 거울 뉴런 시스템과 같이 인간이 다른 사람이 느끼는 것을 '느낄' 수 있게 해주는 뇌의 특정 영역의 활성화와 관련이 있다고 한다.

이기심의 반대되는 뜻인 이타심(altruism)은 자기가 손해를 보더라도 다른 사람을 돕고자 하는 마음인데, 역시 사회적 응집력을 강화하는 또 다른 감정이다. 이러한 감정은 윌리엄 D. 해밀턴William D. Hamilton(1936~2000)의 '친족 선택 이론'에 의해 부분적으로 설명되는데, 이는 개인이 가까운 친척을 도움으로써 자신의 유전인자를 퍼트리는 생식적 성공을 높일 수 있기 때문에 생겨난 감정이라고 진화심리학에서는 주장한다. 이러한 이타심이 발전되어 가까운 친척에게만 향하는 것이 아니라 친척이 아닌 사람에게도 확대되어 집단 내에서의 협력을 강화한다고 설명한다. 또 이타심은 로버트 트리버스Robert Trivers의 '간접적 호혜주의'로 설명할 수도 있는데, 다른 사람을 돕는 것은 도움을 곧바로 돌려받지는 않더라도 도와주는 개인의 평판을 좋게 하여 미래에 집단 내에서 도움을 받을 가능성을 높인다는 이론이다.

이타심이 사회적 감정이라면 인간 이외의 다른 동물에게도 나타나는 것이 당연할 것이다. 그렇다. 우리에게 알려진 다른 사회적 동물도 같은 종의 다른 구성원, 심지어 다른 종의 개체에 대해서도 이타적인 행동을 보인다. 이러한 행동은 당연히 진화생물학에서 주요 관심사이기 때문에 많은 관찰과 기록이 있다. 개인의 이기심에 반하는 것처럼 보이는 동물들의 이러한 행동은 앞서 언급된 친족 선택 이론이나 간접적 호혜주의 이론을 통해 설명할 수 있다.

동물들도 이타심을 보인다

사회적 곤충으로 알려진 벌과 개미는 극도의 이타심을 보이는 것으로 유명하다. 임신할 수 없는 암컷들은 여왕과 새끼를 돌보고, 먹이를 찾고, 집단을 방어하는 데 평생을 바친다. 이 행동은 친족 선택 이론을 통해 설명된다. 일벌은 여왕과 많은 유전자를 공유하므로 여왕의 번식을 돕는 것은 간접적으로 자신의 유전자를 전달하는 것이다.

남미에 서식하는 뱀파이어 박쥐(Desmodus rotundus)는 밤에 먹이를 얻지 못한 다른 집단 구성원과 피를 나누어 이타주의를 실천한다. 다른 개체에게 피를 토해내는 이 행위는 그들의 환경에서 생존하는 데 필수적인 행위이기 때문이다. 이 행동은 친족 선택과 호혜주의 모두에 의해 동기가 부여될 수 있다. 피를 나누는 박쥐는 일반적으로 가까운 친척이나 상호 관계가 있는 개체와 피를 나누어 미래에 호의를 돌려받는다. 미어캣 그룹에서 한 구성원은 파수꾼 역할을 맡아 다른 구성원들이 먹이를 찾는 동안 잠재적인 포식자를 감시한다. 이 파수꾼은 위험을 감지하면 경보를 울려 그룹이 안전한 곳으로 이동할 수 있도록 하는 역할을 맡는다. 이는 한 개체가 자신의 위험을 무릅쓰고 그룹을 보호하는 이타주의의 한 형태이다. 이 역시 친족 선택 이론으로 설명

될 수 있다.

 돌고래는 모계 중심의 사회 구조를 가지고 있으며, 암컷과 그 새끼들이 사회적 단위의 핵심을 이루는 것으로 알려져 있다. 돌고래는 아픈 돌고래나 다친 돌고래를 물 위로 떠받쳐서 숨을 쉴 수 있도록 돕는 것으로 알려져 있다. 과학적인 증거는 없지만, 돌고래가 위험한 상황에 놓인 인간과 고래와 같은 다른 종을 돕는 사례도 보고되었다. 2000년, 돌고래 무리가 지중해에서 조난당한 선원을 해안으로 안내한 사례가 여러 언론에 보도된 적이 있다. 2004년에는 뉴질랜드의 황거레이(Whangarei) 해안에서 약 100미터 떨어진 곳에서 돌고래 무리가 백상아리로부터 수영객들을 보호하기 위해 그들을 40분가량 둘러쌌고, 백상아리가 물러가자 수영객들은 돌고래에 의해 얕은 물 쪽으로 안전하게 인도된 사건이 있었다. 이 사건은 언론에 널리 보도되었으며, 돌고래의 보호 행동에 대한 연구에서도 다루어졌다. 2008년에는 뉴질랜드에서 '모코(Moko)'라는 이름의 돌고래가 두 마리의 파일럿 고래를 얕은 물에서 깊은 물로 안내해 구조한 사례가 보고되었다. 파일럿 고래들은 갇혀서 스트레스를 받고 있었고, 모코가 그들을 깊은 물로 안내하기 전까지 구조가 어려운 상황이었다(https://en.wikipedia.org/wiki/Moko_(dolphin).

돌고래의 이러한 유형의 이타주의는 친족 선택 이론을 통해 설명하기 어렵지만, 다른 개체를 돕는 것이 자기 집단 내의 관계를 강화하고 사회적 응집력을 향상시킬 수 있다는 본능이 체화된, 고도로 발달된 사회적 행동의 예일 수 있다.

구성원들 사이의 관계가 생존에 중요한 요소가 되는 복잡한 사회 집단을 구성하고 사는 보노보와 침팬지는 음식을 나누고, 스트레스가 많은 상황에서 다른 그룹 구성원을 위로하고, 고아를 돌보는 것과 같은 이타적인 행동을 보인다. 이러한 행동은 친족 선택과 직접 및 간접 호혜성으로 설명할 수 있다. 코끼리는 다치거나 갇힌 다른 구성원을 돕는 것으로 알려져 있으며, 죽은 자를 애도하고, 시체를 돌보고, 고아가 된 새끼를 보호하는 모습을 보이기도 한다. 코끼리의 이타주의는 무리의 강력한 사회 구조와 관련이 있을 수 있으며, 협력과 상호 보살핌이 집단의 복지와 생존에 근본적으로 필요하다는 본능이 만들어낸 행동이라고 해석할 수 있다.

사회적 존재이기에 생기는 감정들

수치심과 죄책감은 인간 공동체에서 개인이 스스로 자신

의 행동을 조절하게 함으로써 사회를 통제하는 메커니즘으로 작용하는 감정이라고 볼 수 있다. 이러한 감정은 우리가 사회적으로 해를 끼칠 수 있는 행동을 피하게 하고, 저지른 범죄를 뉘우치게 함으로써 집단의 규범과 질서를 유지할 수 있게 하는 사회적 감정이다. 사회 심리학 연구에 따르면, 이러한 감정은 자기 조절과 사회적 관계에서 조화를 유지하는 데 필수적이다. 수치심은 사회의 다른 구성원이 나를 어떻게 인식할까에 대한 우려와 더 관련이 있는 반면, 죄책감은 우리 행동의 결과에 대한 사회적 판단에 더 초점을 맞춘 감정이다.

애국심, 공동체에 대한 자부심, 충성심, 연대감, 공감, 이타심, 수치심, 죄책감 등 우리가 경험하는 감정 중에서 수많은 감정이 사회적 존재로서 우리가 진화해 오면서 형성된 감정들이다. 이러한 감정은 집단 내의 응집력과 협력을 촉진하기 때문에 선택되었으며, 이는 인간 사회에서 생존과 성공에 필수적인 요소로 자리 잡게 되었다.

지금까지 고독감에서부터 다른 감정들까지 사회적 감정이라는 틀로 살펴본 이유는 그러한 감정을 내가 왜 느끼게 되는지 알게 됨으로써 그러한 감정들에 얽매이거나 매몰되지 않고 한 발 떨어져 바라볼 수 있게 되기 때문이다. 때로는 정치인 같은 일부 구성원들이 개인적 이해를 숨기고 '애국'이니 '충정'이니 하는 고상한 언어로 포장하고 선동하는데, 이에 부화뇌동(附和雷同)하지 않을 수 있기 때문이다. 그리고 감정들의 발생 배경과 원인을 알고 난 뒤에는 지나친 수치심이나 죄책감에 괴로워하지 않을 수 있다. 또 내가 절대적으로 못나거나 잘못해서가 아니라, 시대와 사회가 인위적 기준으로, 일부 집단의 이익을 위해서 나의 자연스런 본성을 지나치게 잘못된 행동으로 몰아갈 수 있다는 것을 생각해 봄으로써 부정적 감정에서 벗어날 수 있기 때문이다. 나아가 나의 이타적 행동이 위선적인 행동이 아니라 결국은 나와 내 이웃을 위하는 고도의 사회적 행동이라는 것을 확인하기 위함이다. 결국 모든 규범과 관습에서 벗어날 수 있는 사고를 할 수 있으려면 그런 사고와 감정들이 어떻게 해서 생기게 되었는지 아는 것이 필요하다. 그렇게 함으로써 결국은 기존의 사고와 가치에 얽매이지 않는 더 자유로운 존재가 되고, 편협한 자아의식에서 벗어나 더 확장된 자아의식을 가진 존재가 될 수 있기 때문이다.

제6장

나는 욕망의 주체인가, 노예인가?

나의 욕망은 어디에서 오는가?

성경 마태복음 5장 1~10절에 나오는 산상수훈에서 예수님은 여덟 가지 복 받는 경우를 열거하는데, 그 내용을 보면 천국에는 어떤 사람들이 갈 수 있는지, 하나님께서는 어떤 성품을 지니셨는지 짐작할 수 있는 내용들이어서 참 흥미롭다. 그 여덟 가지 유형의 복 중에서 첫 번째 복 받는 자로 욕심이 적은 사람을 언급한다. "심령이 가난한 자는 복이 있나니 천국이 저희 것임이요." 마태복음 19장 23~24절에는 "부자가 천국에 가는 것은 낙타가 바늘구멍을 통과하는 것보다 힘들다"는 말이 나온다. 아마 일반적으로 부자는 욕심이 많기 때문에 욕심이 없는 사람들이 갈 수 있는 천국에 가기 어렵다는 말씀으로 해석된다. 실제로 하늘나라가 아니라 이 지상에서도 욕심이 많은 사람은 가진 것이 많아도 만족할 줄 모르기 때문에 마음 편히 살기 어렵다는 것은 상식적인 판단으로도 수긍이 간다. 불교에서도 욕망은 결코 채워질 수 없기 때문에 갈애(渴愛)로 이어지고, 모든 고통의 근원이 된다고 본다. 그리고 욕망 또한 실체가 없는 것인데, 인간은 그 욕망의 본질을 몰라서 욕망에서 벗어나지 못하고 고통받는다고 가르친다. 모든 문화마다 인간의 욕망은 끝이 없고 결코 채워질 수 없다는 것을 깨우쳐주는 속담과 격언이 있다는 것은 인간이 욕망을 버리기가 얼마나 어려운지를 반증하는 것이라 볼 수 있다.

욕망은 인간 행동의 원동력

'욕망'이란 무엇인가? 욕망에 대한 정의나 분류도 플라톤Platon[BC 428(427)~BC 348(347)]을 비롯해서 모든 철학자들과 지그문트 프로이트Sigmund Freud(1856~1939)를 비롯한 많은 심리학자의 관심사였다. 플라톤은 인간 영혼을 세 가지 부분, 즉 이성(reason), 기개(spirit), 욕망(appetite)으로 나누고, 이성이 욕망을 통제하고 이성의 지배하에 두는 것이 중요하다고 주장했다. 아리스토텔레스는 욕망은 인간 행동의 원동력이며, 이를 잘 다스리고 이성에 맞게 활용하는 것이 덕을 실천하는 것이라고 보았다. 스피노자Benedictus de Spinoza(1632~1677)는 욕망을 인간의 본질적인 존재 방식으로 보며, 자아실현과 자기 보존을 위한 자연스러운 힘으로 설명했다. 프로이트는 성적 욕망을 인간 행동의 주요 동기로 보았다. 프로이트에게 크게 영향을 받은 자크 라캉Jacques Lacan은 욕망은 항상 타인과의 긴밀한 관계 속에서 형성되고, 타인으로부터 인정받고 싶어 하는 욕망이기 때문에 타인의 욕망이며, 그래서 결코 실현될 수 없는 욕망이라고 주장했다. 질 들뢰즈Gilles Deleuze와 펠릭스 가타리Félix Guattari는 성적 욕망으로 치우친 프로이트의 욕망이론에 반기를 들면서, 욕망은 현실의 다양한 요소들과 상호 관계를 맺으면서 새로운 현실을 만들어가는 삶의 원동력이자, 기존의 틀에 도전하는 역동적이고 창의적인 힘이라고 해석한다.

하지만 이 책에서는 지금까지 진행된 논의의 틀을 유지하기 위해 다른 각도에서 욕망을 접근해보고자 한다. 우리가 생명을 유지하고 살아가기 위해서는 우리 신체가 필요로 하고, 요구하는 것들이 있다. 식욕, 배설욕, 수면욕, 성욕 등이 그것들인데, 욕망이라기보다는 '욕구'라고 부르기로 하자. 우리 삶에서 문제가 되고, 우리를 고통으로 몰아가는 것은 그런 기본적인 생리적 욕구가 아니라 소유욕, 권력욕, 명예욕 등 앞서 다루었던 '사회적 욕망'이라고 할 수 있다. 물론 사회적 욕망도 기본적인 생리적 욕구를 충족시키려는 데서 출발한다고 할 수 있지만, 여기서 우리가 문제 삼고 싶은 것은, 기본적 욕구를 충족시키는 것 이상으로 '지나친' 욕망이나 '비합리적인' 욕망으로, 우리의 삶을 왜곡시키고 우리를 고통으로 몰아넣는 욕망이다.

사회적 욕망이 우리를 고통으로 몰아넣는 주범이니까 욕망을 다 끊어내는 방법을 찾자는 것이 아니다. 욕망은 우리의 생명 현상의 일부이기에 욕망을 다 없애버리면 생명력 없는 삶이 된다. 더구나 인간의 문화가 원시적 상태에서 벗어나 오늘의 모습을 갖게 된 것은 사회적 욕망이 있었기 때문이 아닌가! 사회적 욕망을 없애는 것은 스스로 인간이기를 부정하는 것과 같다. 욕망을 배척하고 거부하자는 것이 아니라, 욕망의 실체를 제대로 알아서 욕망에 휘둘리지 말자는 것이다. 욕망의 노예가 되지 말자는 것이다. 부정적 욕망은 억제하고 긍정적 욕망은 키워가는 조절 능력을 갖자는 것이다. 이 모든 것은 욕망을 충분하게 이해하는 것으로부터 출발하지 않겠는가?

인간의 가장 큰 욕망

근대철학의 완성자 헤겔에게 있어 욕망의 긍정적인 면은 자아를 확립하고 자신의 권리를 찾는 힘이라는 것이고, 부정적인 면은 욕망은 "무한히 소모적이고 이기적"이어서 타인으로부터 자신을 인정받기 위해 삶과 죽음을 건 투쟁의 양상으로까지 나아간다는 것이다(이성백·원준호, "헤겔 철학에서의 욕망과 이성") 우리는 여기에서 앞서 언급했던 '사회적 욕망', 다시 말해, 인간이 사회적 동물이기 때문에 갖게 되는 욕망과의 접점을 발견할 수 있다. 헤겔은 주인이 노예로부터 자신의 지위에 대해 인정받으려는 욕망에 대해 언급했지만, 그런 욕망은 오늘날에도 다른 형태로 드러나고 있기 때문이다. 인간의 욕망 중 가장 큰 부분은 인정받고 싶어 한다는 것이 바로 우리가 주목하는 점이다. 즉 인간이 사회적 동물이고, 사회적 동물에게 있어 타인으로부터 인정받는다는 것은 자신의 생존과 번식 가능성을 확인하는 방식이라고 해석할 수 있다. 더 많은 사람에게 인정받을수록 생존과 번식에 필요한 자원을 더 많이 확보했다고 볼 수 있는 것이다. 비록 헤겔이 진화론을 알았던 것은 아닐 테지만 적어도 인간의 중요한 본성을 꿰뚫어 보았다고 할 수 있다.

　오늘날 우리 주변에서 인정받고 싶은 욕망이 사회적 욕망으로서 어떻게 드러나고 있는지 살펴보자. 몇십 년 전과 달리 요즘 초등생부터 중고등학생까지 청소년들이 가장 되고 싶어 하는 직업이 연예인이다. 아마 조선시대라면 과거에 급제해서 관직을 얻는 것이었으리라. 물론 아직도 고위 공직자는 남들로부터 인정받는 부러운 직업이다. 그래서 많은 사람들이 로스쿨을 가서 법조인이 되고 싶어 한다. 하지만 조선시대에 연예인의 역할을 했던 소리꾼이나 사당패들은 인정받는 좋은 직업이 아니었다. 조선시대에 천민으로 취급받았던 연예인이 오늘날 선망받는 직업이 된 것은 과거와는 달리 오늘날은 남들로부터 인정받기 때문이다. 어느 시대나 돈이나 권력을 끝없이 욕망하는 것도 마찬가지다. 내면에는 남들로부터 인정받고 싶은 욕망이 있기 때문이다. 그래서 국가적 차원에서 어떤 가치를 높이 평가하느냐가 매우 중요해지는 것이다. 한 사회가 돈을 최고의 가치라고 여기는 풍조가 될 때, 가족, 사랑, 인간미, 신의 등은 뒷전으로 밀릴 수밖에 없다.

  우리는 우리의 삶의 방식과 태도가 자연스럽고, 당연히 다른 나라도 우리와 크게 다르지 않다고 생각하지만, 실상은 그렇지 않다. 선진 17개국 대상으로 '무엇이 당신의 삶을 가치 있게 만드는가?'라는 질문 조사에서 15개국 사람들이 가족이 가장 중요한 가치라고 대답한 데 반해 대한민국 사람들은 가족보다 물질적 안락함이 더 중요하다고 대답했다. 우리나라 사람들은 두 번째 가치로 자신의 건강을 꼽았고, 가족은 세 번째였다(https://www.pewresearch.org/global/2021/11/18/what-makes-life-meaningful-views-from-17-advanced-economies/). 가족을 세 번째로 꼽은 국민은 세계에서 우리밖에 없다. 수십 년 동안 경제성장과 경쟁력을 최고의 가치로 내걸고 살아온 결과, 어느덧 우리는 지구상에서 특별한 나라가 되었다. 자살율 세계 최고, 출산율 세계 최저인 나라가 되었다. 한 사회가 물질만능주의에 빠져서 돈 이외에 다른 중요한 가치들이 존중받지 못할 때 그 사회는 위험에 빠질 수밖에 없다. 모두가 하나의 가치를 향해 몰려갈 때 승리자는 소수이고, 다수는 패배자가 될 수밖에 없다.

사회적 동물이기에 생기는 욕망

모두가 하나의 가치를 향해 경쟁할 때 필연적으로 갈등은 심화될 수밖에 없고 다수의 패배자가 생길 수밖에 없다는 것을 설명하는 이론이 있다. 프랑스의 비평가이자 사상가인 르네 지라르 René Girard는 욕망은 삼각형의 관계를 가지고 있다고 주장했다. 내가 A라는 대상을 욕망하는 것은 내가 직접 그것을 좋아해서라기보다는 내가 부러워하거나 존경하는 다른 사람이 A라는 것을 가지고 있기 때문에 나도 그것을 가지고 싶어한다는 것이다. 이것은 '욕망의 삼각 구도'라고 불리는 것인데, 욕망의 주체와 대상 사이에는 부추기는 중개자가 있다는 이론이다. 주변에서 아주 쉽게 볼 수 있는 예는 명품들에 대한 욕망이다. 어떤 명품 핸드백은 수백만 원을 하지만 품질이 충분히 그 가격의 가치가 있어 원

르네 지라르(René Girard, 1923~2015)
희생양 이론(Scapegoat Mechanism)으로도 알려진 작가
- 사진 출처: 위키백과

하기보다는 잘 나간다고 으스대는 사람들이 가지고 다니니까 나도 가지고 싶은 것이다. 만약 나중에 그 핸드백을 지위고하를 막론하고 모두가 다 들고 다니는 상황이 오면 사람들은 더 이상 그 핸드백을 욕망하지 않게 될 것이다. 여기서 대상은 꼭 물건이 아닐 수도 있다. 취미일 수도 있고, 행동 방식일 수도 있다. 그것을 부추기는 것은 사람이 아니고 그 시대의 문화일 수도 있다. 내가 골프가 정말 좋아서 친다기보다는 잘 나가는 사람들이 다들 골프를 치니까 나도 골프를 치고 싶은 것이다. 그 스포츠가 정말 어떤 점이 좋은지, 자기에게 맞는 운동인지는 크게 따지지 않는다. 잘 나가는 사람들이 해외여행을 많이 다니니까 나도 해외여행을 가고 싶은 욕망이 생긴다. 정말 갈만한 가치가 있는 곳인지, 국내에서도 더 즐길 곳이 있는지 등은 별로 중요하지 않다. 이런 욕망들은 스스로 마음에서 우러나는 욕망, 필요에 따른 주체적 욕망이 아니라 남들을 따라 하는 추동된 욕망, 사회적 동물이기에 생기는 모방 욕망이라고 할 수 있다. 결국 유행이라는 것도 모방 욕망에 의해 만들어지는 것이다. 유행에 민감한 나라는 결국 주체적이지 못하고 남을 모방하는 사람이 많은 사회라고 할 수 있다. 이쯤 되면 이런 의심이 든다. 나는 내 욕망의 주인인가? 아니면 남의 욕망을 모방하고, 사회가 부추기는 욕망을 따라가는 욕망의 노예인가?

 문제는 남의 욕망을 모방하는 데 있는 것이 아니라 그 욕망을 충족시켜 줄 수 있는 자원이나 재화에 한계가 있다는 점에서 발생한다. 특히 구성원 모두가 동일한 욕망을 충족시키기 위해 경쟁할 때 어떤 사회도 그것을 모두 충족시킬 수 없기에, 앞에서도 언급했지만, 인간의 욕망은, 특히 물질적 욕망은, 그 끝이 없기 때문에 사회 구성원 간의 갈등과 투쟁은 피할 수 없다. 그래서 다양한 가치를 존중하고 인정하는 것이 중요한 것이다. 문학적 업적이, 예술적 활동이, 도덕적 행위가, 학문적 성과가 사회에서 진정으로 존중받는 풍토가 만들어질 때 사회는 갈등과 분쟁이 줄어들고, 성숙해지고 지속적으로 발전해 갈 수 있다.

 이렇게 한 사회의 구성원들이 동일한 욕망을 쫓아가는 현상에 대해 개인에게만 그 탓을 돌리는 것은 무책임한 일이다. 내 욕망을 내 맘대로 할 수 있는 게 아니지 않는가? 우린 사회적 동물이니까. 내가 몸 담고 있는 사회 전체가 함께 책임지고 해결할 일이다. 더구나 우리 사회를 잘 이끌어 가야 할 지도자들이 더 깊이 생각하고 책임감을 가져야 할 사안이다. 특히 자신이 이 사회를 잘 이끌어보겠다고 선거에 나서서 당선된 정치인들이 더 책임감을 가져야 할 사안이다. 국민들의 욕망을 다변화시키고 긍정적인 방향으로 나아가게 하는 일을 정부는 나 몰라라 하고, 모든 책임을 개인에게 전가하는 것은 사회적 동물인 인간에 대한 이해가 너무 부족하다는 것을 정부가 인정하는 것이다.

특히 오늘날 자본주의 사회는 인간의 욕망을 끝없이 부추기고 획일화시킨다. 질 들뢰즈와 펠릭스 가타리는 그들의 저서 『안티 오이디푸스』와 다른 저서에서, 자본주의의 사회적, 정치적 구조가 어떻게 개인의 욕망을 조절하고 통제하여 사회의 질서와 안정을 유지하는지 분석하였다.

자본주의 사회는 어떻게 개인의 욕망을 통제하는가?

들뢰즈와 가타리는 자본주의가 다른 이전 사회 구성체와 비교했을 때 욕망과 독특한 관계를 맺고 있다고 주장한다. 자본주의 이전 사회들이 의식, 종교법, 엄격한 가족 구조를 통해 욕망을 체계화하고 제한하는 경향이 있었던 것에 반해, 자본주의는 욕망을 전통적 제약에서 해방하는 동시에 자본주의 구조를 강화하는 생산 및 소비 형태로 욕망을 다시 조종한다는 것이다. 그들에 따르면 자본주의에서 욕망은 상품의 생산과 소비로 향하도록 조종된다. 제품, 서비스, 경험을 사고파는 일에 몰두하도록 유도됨으로써 자본주의에 필수적인 생산과 소비의 순환을 영속시킨다는 것

질 들뢰즈(Gilles Deleuze, 1925~1995)
"세계는 개별 존재들이 상호작용하는 다층적인 구조로 이루어져 있다."
- 사진 출처: 나무위키

이다. 이 과정에서 가장 큰 역할을 하는 것은 미디어와 광고이다. 미디어와 광고는 욕망을 전달하고 조작하는 강력한 도구이다. 미디어는 이미지, 서사 및 상징을 통해 특정 제품을 소비하려는 욕망, 미의 기준을 달성하려는 욕망 또는 특정 생활 양식을 열망하는 욕망과 같은 다양한 욕망을 만들고 강화한다. 광고는 제품의 특성을 알리고 판매하려 할 뿐만 아니라 그 제품이 곧 멋진 삶을 확인시키는 증표라고 선전한다. 다양하고 개별적일 수 있는 인간의 욕망은 특정 제품에 대한 욕망으로 전환된다. 그 제품이 곧 성공한 삶이고, 행복이고, 아름다움 그 자체라고 각인시킨다. 인간은 사회적 동물이기 때문에 당연히 사회적 집단에 속하고자 하는 욕망이 강하다. 그래서 학생들이 동일한 메이커의 외투를 입고, 동일한 메이커의 신발을 신으려고 한다. 어른들은 특정 메이커의 자동차를 사고 싶어 하고, 특정 브랜드의 시계를 갖고 싶어 한다. 특정 패션 브랜드의 소비를 통해 소속감을 확인하고, 타인으로부터 인정받는다는 느낌을 갖는다. 이렇게 자본주의 체제의 속성과 개인의 사회적 욕망이 결합하여 자본주의는 갈수록 그 체제를 강화하고 개인은 욕망과 소비의 끊임없는 순환에 갇히게 된다.

   사회가 소비와 관련된 욕망만을 통제하는 것은 아니다. 직업이나 성과 관련된 욕구도 사회에 의해 통제된다. 많은 전통 사회에서 성적 욕구는 결혼제도를 통해 체제 아래로 통제된다. 가장 순수한 형태로 여러 방향으로 향할 수 있는 성적 욕구는 이성애적 일부일처제 결혼의 규범 내에서 통제된다. 즉, 생식과 사회적 안정을 지원하는 방식으로 성적 욕구를 표현하도록 구조가 확립된다는 것이다. 예를 들어, 결혼을 통해 성적 욕구를 제도화하는 사회에서 사람들은 이성 파트너를 찾고 결혼하여 자녀를 가져야 한다. 전통 사회에 비해 인간의 욕망을 많이 해방시킨 자본주의이지만 여전히 동성애, 일부다처제 또는 음란성과 같은 다른 유형의 성적 욕구 표현은 확립된 제도에 맞지 않기 때문에 억압되거나 소외된다. 교육 분야에서도 사회의 통제가 엄연히 존재한다.

어느 사회에서나 젊은이들은 다양한 세계를 탐험하고 경험하려는 욕망을 가지고 있다. 그런데 교육 시스템과 사회적, 가족적 기대 때문에 그 욕망을 포기하고 사회 체제 안으로 포섭된다. 학교 교육은 학위 취득, 안정적인 직업 찾기, 경제적 기여와 같은 특정 목표를 향해 이러한 욕망을 유도하고 통제한다. 예를 들어, 예술적 또는 창의적 욕구가 있는 젊은이는 사회적, 경제적 기대로 인해 의사, 변호사나 금융이나 엔지니어링과 같이 더 안전하고 수익성 있는 분야의 직업을 가지라는 압박을 받을 수 있다. 따라서 그들의 창의적 욕망은 경제적 성공의 규범에 맞춰 조정된다. 이와 같이 자본주의 사회는 사회적, 경제적 체제를 유지하기 위해 개인의 욕망을 조종하고, 조직하고, 통제한다는 것이 들뢰즈와 가타리 이론의 핵심이다.

황금만능주의 사회의 숙명

자본주의 사회의 특징은 말 그대로 '자본'을 지나치게 중시한다는 것이다. 그래서 돈 이외의 다른 가치들이 상대적으로 소홀히 여겨지고 인간관계는 삭막해진다.

인간의 행복감은 많은 경우 인간관계에서 비롯되는데 인간관계가 파괴되면 그만큼 행복도가 떨어지는 것은 당연하다. 우리 사회가 과거에 비해 물질적으로는 수십 배 풍요로워졌지만, 출산율이 세계 최저가 되었고, 자살률이 세계 최고가 된 것은 물질주의와 개인주의에 매몰된 결과다. 미디어를 비롯해 사회 전체가 서로 물질적 욕망을 끝없이 부추기는데 다수의 개인은 그 욕망을 실현할 수 없어 좌절해 가는 상황이다. 결국 구성원 전체가 황금만능주의 매몰되어 산다면 그 사회가 맞이하게 될 상황은 뻔하다. 인생에서 돈 이외에도 다양한 가치들을 추구하고 존중하는 사회, 구성원들이 서로 공존해야 그 사회가 지속될 수 있다는 것을 깊이 인식하는 성숙한 사회로 변하지 않으면 점점 더 삭막하고 불행한 사회로 나갈 수밖에 없다. 결국 모두가 패자가 되는 사회로 가는 것이다.

행복한 삶에 이르는 지혜

지금까지 살펴보았듯이 사회적 욕망은 우리의 행복과 밀접한 관계가 있다. 그래서 행복학에서는 행복 방정식을 다음과 같이 설정한다. 행복지수= 소유/욕망. 소유한 것이 아무리 많아져도 욕망이 더 커지면 행복지수는 낮아진다는 것이다. 그러니 당연히 욕망을 억제하는 것이 중요해진다. 왜냐하면 소유는 원하는 대로 다 이룰 수 없기 때문이다. 우리가 적게 가지고 있더라도 욕망을 줄이면 행복지수가 높아질 수 있는 것이다. 그래서 모든 종교에서는 욕심을 줄이라고 가르쳐왔다. 각 문화마다 욕망을 다스리라는 내용의 속담과 경구가 있다. 유대교에서는 "누가 부자인가? 자기가 가진 것에 만족하는 자이다"라는 현자의 가르침이 있다(Pirkei Avot 4:1). 스페인에는 "많이 가진 자가 부자가 아니고, 덜 필요한 자가 부자다"라는 속담이 있다. 쇼펜하우어 Arthur Schopenhauer는 "재물은 바닷물과 같아서 마시면 마실수록 더 갈증을 느낀다"라고 했다. 결국 욕망은 인간의 행

아르투어 쇼펜하우어(Arthur Schopenhauer, 1788~1860)
19세기 철학과 사상에 큰 영향을 끼친 비관주의 철학자

- 사진 출처: 위키백과

복과 불가분의 관계가 있다. 행복하려면 더 많이 갖는 것보다 욕망을 줄이는 것이 더 중요하다는 것이 모든 종교와 현자들의 가르침이다.

하지만 오늘날 자본주의 사회에서 종교의 위력은 떨어지고 자본의 유혹은 강해지고 있다. 매일 학교에 가면 입시경쟁을 부추기고, 높은 수입을 보장하는 의대나 법대를 준비하라고 한다. 초등학생부터 의대나 법대 진학을 위해 아이들을 학원에 보내는 사회. 그럴 형편이 못 되는 절대다수의 학생들과 학부형들은 어떤 감정을 느끼게 될까? 매 순간 광고는 고급차를 사는 순간 당신은 성공한 자라고 유혹한다. 고급 가전제품을 갖는 것이 곧 품위 있는 삶이라고 속삭인다. 드라마, 동영상, SNS를 통해 타인의 화려한 삶을 보면서 대부분의 사람들은 상실감을 느끼고 좌절감을 느낀다.

재물은 바닷물과 같아서 마실수록 더 갈증을 느낀다

사회적 동물이기 때문에 남과 비교하지 않을 수는 없다. 비교하는 습성도 사회적 동물이기에 갖게 된 습성이라고 볼 수 있다. 물론 비교는 인간이 세상을 이해하는 데 필요한 기본적인 인식 도구이다. 동시에 집단생활에 적응하는 데 꼭 필요한 태도이다. 남들이 어떻게 행동하는지 자신과 비교하지 않을 수 없다. 눈치가 있어야 산다. 눈치에는 비교하는 것도 포함된다. 그래서 비교하는 습성이 강하게 본성으로 자리 잡고 있다. 그 비교 본능이 오늘날 대부분 사람들을 불행하게 만든다. 다른 사람이 가진 것과 내가 가진 것을 비교하면서 열등감을 느끼고 좌절한다. 게다가 미디어를 통해 매 순간 비교를 강요당하는 느낌이다.

역설적으로 이 비교 본능을 잘만 활용하면 행복에 도움이 될 수도 있다. 나보다 어려운 사람과 비교하는 것이다. 더 어려웠던 나의 과거와 비교하는 것이다. 지금 우리보다 많이 어려운 나라 사람들과 비교하는 것이다. 지금도 지구상에는 수십억 명이 열악한 환경에서 살고 있다. 중동과 아프리카에만 해도 전쟁, 내란과 기아에 시달리는 사람들이 수억 명이다. 2024년 현재 전 세계에서 하루 2달러 이하로 살아가는 사람이 7억 명에 달한다. 가까이 있는 북한 사람들은 현재 어떤가? 하루 세 끼를 먹지 못하는 사람이 많다고 한다. 우리나라에서도 불과 몇십 년 전만 해도 세 끼를 마음 놓고 먹지 못하는 사람들이 허다했다. 도시락 반찬으로 계란을 싸 오는 학생은 한 학급에서 몇 명 되지 않았다. 현재 대한민국의 1인당 국민소득은 년 3만 달러를 넘었다. 세계에서 이제 한국은 선진국 대열에 들어섰다. 물론 소득

불균형은 크고, 사회복지가 부족한 점도 많다. 하지만 웬만한 형편이면 개개인이 큰돈 들이지 않고 즐길 수 있는 것도 많다. 대중교통도 잘 갖추어진 편이고, 건강보험 제도도 우수한 편이다. 절대적인 가난 앞에서는 인간이 행복을 꿈꿀 수 없다. 생존이 문제 되는 상황에서 어떻게 행복이라는 단어를 사용할 수 있겠는가! 하지만 우리나라에서 그런 사람은 극소수다.

지금 대한민국 국민의 경우 대부분은 비교를 통해 상대적 박탈감을 느낄 수도 있고, 반대로 상대적 풍요를 느낄 수도 있다. 무엇을 비교의 기준으로 선택할 것인지는 자신에게 달려 있다. 국민소득이 지금의 두 배가 된다고 해도 이 점은 변하지 않을 것이다. 국민소득이 2만 달러를 넘어서면 소득이 행복지수에 기여하는 바는 미미해진다고 한다. 소득이 늘어도 행복지수가 떨어지는 경우도 허다하다. 한 개인의 삶에서도 청년, 중년, 노년의 행복지수가 변한다. 대체적으로 U자의 형태를 그린다고 알려져 있다. 직업, 건강, 자녀, 혼인 여부 등 다른 요인들이 있겠지만, 많은 경우 나이에 따라 세상을 바라보는 태도가 달라지기 때문이기도 하다.

욕망의 주체가 되라

 결국 행복하기 위해서는 욕망을 잘 다스리는 것이 중요하고, 무엇을 비교 대상으로 삼느냐 하는 것도 중요하다. 욕망이나 비교나 인간의 본성이기 때문에 우리 마음대로 조절하기는 쉽지 않다. 비교하는 습관은 나에게 좋은 쪽으로 연습하면 나아지겠지만 욕망을 통제하는 것은 쉽지 않기 때문에, 욕망 조절법은 철학, 심리학, 종교 등에서 다루어 온 단골 주제이기도 하다. 지금까지 잘 알려진 방법들을 종합해 보면 비슷한 점들을 발견할 수 있다. 먼저 어떤 욕망이 일어나면 그 욕망을 식별하고 인정하는 것이 중요하다. 그리고 그 욕망을 좋거나 나쁘다고 판단하는 대신, 그 욕망이 왜, 어떻게 생겨난 것인지 자신에게 물어보는 것이 필요하다. 그 욕망이 스스로 필요에 의해서 생긴 것인지, 아니면 남의 것을 따라 하고 싶은 데 기인하는지 생각해 보는 것이다. 일단 한 발 떨어져 관찰하고 분석하는 이 과정만 거쳐도 많은 경우 그 욕망의 노예가 되어 그 욕망으로 인해 고통받는 일은 겪지 않을 것이다. 그 과정을 통해서 많은 부분은 절충과 타협, 자제 등 해결책을 찾아갈 수 있다.
 현재 삶에서 정말 중요한 것이 무엇인지 성찰하고 그것에 에너지를 집중하는 것도 많은 사람들이 빠져 있는 물질

자크 라캉(Jacques Lacan, 1902~1981)
"인간은 타자(Other)와의 관계를 통해 자아를 구성한다."

– 사진 출처: 위키백과

적 욕망으로부터 벗어날 수 있는 방법이 될 수 있다. 어떤 대상에 대한 욕망의 에너지를 보다 건설적인 활동이나 보다 깊고 의미 있는 목표로 돌림으로써 충만한 삶, 보람 있는 삶을 누릴 수 있다. 장기적 목표와 보다 더 의미 있는 일에 집중함으로써 즉각적인 욕망은 힘을 잃을 수 있다. 사회와 문화 속에 사는 인간의 욕망은 결코 채울 수 없는 것이라고 라캉이 얘기했듯이, 물질적 욕망이든, 사회적 욕망이든, 모든 욕망은 일단 충족되면 또 다시 새로운 욕망으로 대체된다는 것을 되새기는 것도 욕망의 끝없는 순환에 갇히는 것을 피하는 데 도움이 될 수 있다.

앞에서 언급했지만, 사회적 동물인 인간은 수십만 년 동안 무리에서 벗어나면 죽음이라는 것을 뼛속 깊이 새겨왔기에 사람을 그리워하고 만남을 즐거워하게 진화했다. 고립되면 외롭고 고통스럽다. 반대로 우리는 좋은 사람을 만나면 괜히 기분이 좋아지고 그 사람과 보내는 시간이 즐겁다. 그래서 여행과 술과 골프는 동반자가 중요하다는 말도 있다. 인간도 동물인 이상 음식은 생존과 직결되고, 희노애락의 원천이었다. 그 결과 맛있는 음식은 생각만 해도 기분이 좋아진다. 그래서 먹는 영상과 프로그램이 시청률이 높다. 시청자로서 간접적으로 즐거움을 느끼기 때문이다. 이처럼 우리에게 좋은 감정을 민감하게 느끼게 해주는 것은 늘 음식과 사람이다. 그래서 좋은 사람과 좋은 음식을 함께하는 것이 행복감을 느끼게 해주는 가장 좋은 방법이라고 한다. 외향적인 사람이 행복도가 높다는 이유도 내성적인 사람에 비해 타인과 교류할 가능성이 많고 그 과정에서 좋은 감정을 느낄 수 있는 기회가 많기 때문이다.

인간관계와 행복의 상관성에 관해 잘 알려진 연구가 있다. 『세상에서 가장 긴 행복 탐구 보고서』(박선령 옮김, 비즈니스북스, 2023, 원제: The Good Life: Lessons from the World's Longest Scientific Study of Happiness)는 마크 슐츠 Marc Schulz와 로버트 월딩거 Robert Waldinger가 쓴 책으로, 1938년, 하버드대 2학년 재학생 268명과 보스턴 도심 빈민 지역 소년 456명을 대상으로 그들의 아내, 자녀 등을 포함해 1300명이 넘는 사람들이 참여해 80년 이상 3세대에 걸친 연구 내용과 성과를 담고 있다. 이 연구는 수십 년에 걸쳐 남성들의 신체적, 정신적 건강, 직업, 관계 및 노화에 대한 자세한 데이터를 수집하여 좋고 행복한 삶을 만드는 것이 무엇인지 이해하는 것을 목표로 출발했다.

원만한 인간관계는 건강과 행복의 열쇠

이 연구에서 가장 주목할 만한 결과 중 하나는 '인간관계'가 장기적인 행복과 건강을 예측할 수 있는 가장 신뢰할 만한 요소라는 것이다. 이 인간관계에는 가족, 친구 및 지역 사회와의 관계가 포함된다. 관계의 양적인 측면과 아울러

관계의 질도 중요하다고 한다. 의미 있고 만족스러운 관계는 정서적, 신체적 웰빙에 상당히 기여한다는 결론이다. 사회적으로 더 많이 연결된 사람들은 더 오래 살고, 정신 건강이 더 좋으며, 더 행복감을 느낀다고 한다. 반면에 외로운 사람은 건강이 좋지 않고, 수명도 짧았다고 한다. 의미 있는 관계를 유지하고 평생 유대감을 느끼는 사람들은 노화도 늦어진다고 한다. 노년기의 신체적, 정신적 건강은 젊은 시절 인간관계의 질과 밀접한 관련이 있다는 것이다. 그래서 저자들은 인간관계에 시간과 에너지를 투자하는 것이 중요하다고 제안한다. 여기에는 친구 및 가족과 연락을 유지하기 위한 작은 일상 행동이 포함된다. 내가 다른 사람을 돌보고 또 그들에게 내가 보살핌을 받는 것은 행복하고 건강한 삶의 필수적인 요소라고 한다. 이렇게 좋은 인간관계를 유지하기 위해서는 공감 능력, 남의 감정을 이해할 수 있는 능력이 필요하다고 조언한다.

행복은 감정의 노예가 되지 않는 데 있다

인간관계 외에 중요한 것으로 정신적 유연성을 꼽고 있다. 삶의 변화에 적응하고, 스트레스를 관리하고, 개방적이고 유연한 사고방식을 유지할 수 있는 사람들은 더 만족스러운 삶을 사는 경향이 있다는 것이다. 그리고 삶에 목적을 갖고 자기 행동이 의미 있다고 느끼는 것도 만족스러운 삶에 중요한 요인이 된다고 한다. 이는 자신이 하는 일에 대한 의미 부여, 다른 사람이나 지역 사회에 기여하는 봉사 활동 등과 연관될 수 있다. 이미 다 아는 내용이지만, 유연하고 열린 마음과 함께 활동적이고 건강한 삶을 유지하는 것도 웰빙에 필수적인 것이라고 한다.

결국 행복은 그리 어려운 목표가 아니라는 것이 드러났다. 우리의 본성을 잘 알고 거기에 맞게 대처하는 것이다. 사회적 동물로서 갖게 된 감정들을 잘 이해하는 것이다. 어떤 감정이 일어나면 한 발 떨어져 그 감정을 관찰하고, 그런 감정의 노예가 되지 않는 것이다. 남에게 인정받으려는 사회적 욕망이 본성으로 자리 잡고 있어 남과 비교하고, 남의 시선과 평가를 의식하게 되는데, 그렇게 되면 남에게 휘둘리는 삶을 살게 되니, 나름 주관을 가지고 합리적으로 행동할 필요가 있다. 인간은 유인원으로부터 수백만 년 동안 사회적 동물로 진화해 왔기 때문에 다른 사람과의 관계 속에서 행복과 불행을 느끼게 되니 인간관계를 잘 만들어가는 것이 필요하다. 그것이 건강과 수명과 행복을 보장하는 핵심이다. 그러려면 공감 의식과 열린 마음이 필요하다. 우리의 가장 큰 자산인 오감을 통하여 좋은 감정을 자주 경험하고, 욕망은 줄이고 감사하는 마음은 늘리는 것이다. 성경 데살로니카전서 5장 18절에 나오는 "범사에 감사하라"는 종교를 초월한 지혜의 말씀으로 드러났다. 미국 심리학자들의 연구에 따르면, 감사하면 뇌 좌측의 전전두피질을 활성화해 스트레스를 완화시켜 주고 행복감을 느끼게 해준다는 것이다. 심리학자들은 이를 재설정(reset) 버튼을 누르는 것과 같은 효과라고 설명한다. 감사가 인간이 느끼는 가장 강력한 긍정적 감정이라는 것을 많은 연구가 재확인하고 있다. 행복감을 느끼게 해주는 것들은 늘 우리 곁에 널려있다. 행복은 내 지혜의 문제요, 내 마음의 문제요, 실천의 문제다.

제7장

인생의 의미는 무엇일까?

열정적으로 살되 결과에 집착하지 말라!

우리 모두 미래가 불안하다. 지구가 이미 하나의 경제권이 되었고, 미·중 간 패권 다툼이 치열해지고, 인공지능이 비약적으로 발전하는 요즘은 미래가 더 불안하다. 현재 학생의 반 이상이 아직 생기지도 않은 직업을 갖게 될 것이며, 현재 직업의 50% 정도는 20년 이내에 사라질 거라는 예측도 있다. 지금까지 인류의 미래가 이렇게 불확실한 적은 없었다고 해도 과언이 아니다. 과거에도 인간은 미래가 불안해서 점을 쳤다. 거의 모든 종족이 신앙을 가졌고, 점을 쳤다. 주역(周易)은 미래를 알고 싶은 인간의 간절한 소망이 반영된 역서의 백미다. 욕망의 크기에 비례해 불안은 더 커질 수밖에 없으므로 물질적 욕망이 최고조에 이른 현대 자본주의 사회의 인간은 더욱 미래가 불안하다. '족집게 점쟁이'도 있고, '용한 역술인'도 있다지만, 만물의 영장이라는 인간일지라도 미래를 알기에는 역부족이라고 할 수 있다. 왜 그럴까?

바로 우리는 중층적 복잡계 속의 존재이기 때문이다. 우선 지구는 복잡계다. 해와 달, 기후, 대지, 그 속의 인간과 다른 생명체들은 복잡하게 뒤엉켜 지구라는 하나의 생명공동체를 이루고 있다. 수많은 생명을 길러내는 대지도 우리 눈으로 쉽게 파악되지 않는 복잡계다. 인간의 신체도 복잡계이다. 뇌와 장기와 신경, 근육들은 서로 밀접하고 복잡하게 연결되어 있다. 내 몸에서부터 지구 전체에 이르기까지 중중무진의 세계, 복잡한 관계의 세계다. 다양한 집단과 국가 등 인간 사회도 역시 하나의 복잡계다. 언제 어떤 일들이 벌어질지 예측하기 어렵다.

결국 한 인간의 육체부터, 그를 둘러싼 사회, 자연환경 모두가 개인의 삶을 결정하는 복잡계다. 우리가 알지 못하는 과정을 통해 몸에서 일어나는 변화가 심각한 병이 되어 운명을 바꿀 수 있고, 중동 국가들 사이의 충돌이 전 세계인의 경제생활에 영향을 미칠 수 있고, 자연환경의 변화가 개인의 생명과 사회 전반에 치명적인 결과를 초래할 수도 있다. 과거 전근대적인 농경사회에서는 자기 마을 밖에서 일어나는 일들에 대해서는 크게 영향을 받지 않았다. 국가의 집권층 사이에서 벌어지는 일은 대부분의 농민들에게는 별 영향을 미치지 못했다. 수백 년 동안 조선의 대장장이는 대를 이어 대장장이 일로 생계를 이어갈 수 있었다. 중국에서 무슨 일이 일어나든 별 상관이 없었다. 하지만 지금 시대는 어떤가? 미국과 중국의 무역 충돌이 한국인의 소득과 밥상 물가에 영향을 미친다. 미국 대통령 선거가 마치 우리나라 대선인 양 신경이 쓰인다. 외국에서 발생한 코로나가 불과 몇 달 만에 자국민의 생명과 생계에 지대한 위협이 되었다. 코로나가 이렇게 많은 사람을 힘들게 하고 세상을 바꾸어 놓을 줄 누가 예상을 했겠나? 우크라이나와 러시아 간의 전쟁이 세계를 뒤흔들어 놓을 줄 예상하면서 삶을 계획한 사람이 얼마나 되겠나?

인간과 사회, 자연환경은 모두 나의 삶을 결정하는 복잡계

오늘날 우리는 너무나 많은 변수에 노출되어 있다. 그러지 않아도 급변하는 시대라서 미래를 예측하기 어려운데 세계가 너무나 촘촘하게 연결되어 있어 개인이 자기의 미래를 예측하는 일은 더욱 어려워졌다. 우리의 신체와 사고와 행동은 그런 복잡계 속에서 형성되고 변해가지만, 평소 우리는 자신과 주변 환경을 분리시키고 단순화시켜서 생각하는 습성을 가지고 있다. 세상이 자신의 의도대로 될 것 같은 자신감도 갖게 되고, 열심히 하면 다 이룰 것 같은 착각도 하게 된다. 성과와 효율을 중시하는 사회일수록 '하면 된다'는 환상을 개인에게 심어준다. 하지만 현실은 너무나 빈번하게 우리의 기대를 저버린다. 우리는 중층의 복잡계에 살고 있기 때문에, 중중무진(重重無盡)의 관계 속에 살고 있기 때문에 내 뜻대로 되지 않을 가능성이 언제나 상존하고, 뜻하지 않은 일이 언제나 일어날 수 있다는 것을 받아들여야 한다. 자연환경이 갈수록 예측을 불허하고, 전 세계가 하나의 지구촌이 되었고, 인공지능이 도약적인 발전을 거듭해 가는 오늘날 한 개인의 미래는 더욱 불확실해져 간다. 물론 한정된 영역에서 개인의 의지와 노력은 변화를 가져올 수 있다. 그렇지만 우리의 의지와 힘으로 통제할 수 없는 일들이 너무나 많다.

그러니 열심히 성실하게 살아야 마땅하지만, 결과에 너무 집착하는 것은 이 세상 현실에 맞지 않는 태도일 수 있다. 하고 싶은 일이 있으면 주저하지 말고 열심히 노력해보되 그 결과는 어떻게 되어도 좋다는 열린 마음으로 시작하는 것이 이 세상의 이치에 맞는 태도일 것이다. 그래서 삼국지에서 제갈량諸葛亮(181~234)이 '수인사대천명(修人事待天命)'이라고 하지 않았을까? 지금 세상은 제갈량 시대보다 훨씬 더 복잡해졌고, 한 개인에게 영향을 미치는 변수가 너무나 많아졌기 때문에 '진인사대천명'의 자세는 더욱 필요한 것 아닐까? 우주의 미미한 존재로서 어떤 일을 시도했다는 것

자체만으로도 의미 있는 일 아닐까? 더구나 그것이 자신과 남에게 선한 영향을 끼치는 일이고, 자신이 그것을 이루기 위해 최선을 다했다면 그 자체만으로도 큰 의미가 있는 것이 아닐까? 우주적 차원에서 기적처럼 받은 생명이기에 이 생명을 만끽하고 열정적으로 불태우고 살아가는 자세를 가지되, 결과에 집착해서는 안 될 것이다. 그것은 우리에게 주어진 조건을 망각한 과욕일 뿐이다.

　우리에게 오감이 있고 사고 능력이 있다는 것은 대단한 축복이다. 하지만 평소에 우리는 그 가치를 잘 모른다. 그래서 돈으로 비유해서 얘기하면 잘 이해가 될지 모르겠다. 만약 누군가 당신에게 두 눈을 팔라고 하면 얼마를 요구하겠는가? 1억, 10억, 100억? 그렇다. 우리는 평소에 세속적 욕망에 눈이 멀어 우리가 지니고 있는 보물의 가치를 잊고 산다. 오감을 통해 가족과 친구와 이웃과 사랑을 나누고, 영화를 보고, 음악과 미술을 감상하고, 이 자연을 마음껏 감상할 수 있는 나, 무한한 자유를 가진 나, 다른 사람과 연대하면서 벅찬 감동을 느낄 수 있는 나의 가치를 모른다. 돈이 있다고 누릴 수 없는 멋진 일들이 내 주변에 널려있다. 이런 나와 세상을 제대로 알게 된다면 우리에게 주어진 것을 늘 감사하는 마음으로 마음껏 누릴 수 있지 않을까?

인생의 의미는 무엇일까?

이 질문은 인간이 스스로에게 던지는 가장 심각한 질문 중 하나다. 기독교의 성서에 따르면 각자의 인생은 하나님의 뜻에 따라 시작되었고, 하나님의 자녀로 하나님의 뜻에 따라 사는 것이 인생이다. 부처님의 깨달음에 따르면, 인간은 연기(緣起)에 의해서 생겨난 현상일 뿐, 목적이나 의미를 가지고 태어난 것은 아니다. 인간은 의미 없는 우주에 의미 없는 존재로 생겨났다. 부처님의 깨달음은 진화론에 가깝다. 진화론에 따르면, 단세포에서 시작해 수억 년의 진화를 통해 파충류, 포유류를 거쳐 영장류에서 원시인류로, 또 현생 인류로 진화하면서 인간은 스스로 인생의 의미에 대해 고민할 정도로까지 진화했다. 진화론에 따르면 한마디로 우주와 지구가 나를 만들었다. 나라는 존재가 생겨나기 위해서는 137억 년의 우주의 역사, 45억의 지구의 역사라는 한없이 복잡한 인과(因果)의 시간이 걸렸다. 세계와 나는 떼려야 뗄 수 없는 관계이다. 만약 당신이 45억 년을 걸쳐서 어떤 생명체를 만들어 공존하게 되었다면 얼마나 소중한 것으로 여기겠는가? 내 인생의 의미는 바로 이것이다. 나는 수억 년 인과의 세월이 만든 결과물이라는 것이다. 적어도 지구에서 수억 년 동안 수많은 생명체들이 생존을 위해 처절하게 투쟁해 온 결과물이다. 수만 세대 동안 우리의 조상들이 생존을 위해 투쟁하고 사랑한 결과물인 우리는 이제 우주를 생각하고, 미생물의 세계를 들여다보고, 사랑하고 용서하고, 자신을 희생하는 능력을 지닌 생명체가 되었다. 인간의 의미로 그 이상 고귀한 의미가 무엇이 있을 수 있단 말인가?

인생의 의미를 생각할 지적 능력조차 없던 상태에서는 인생의 의미에 대한 고민 없이 살다 갔을 것이다. 이제는 지능이 발달해서 우주를 상상하고 인생의 의미에 대해서 고민하게 되었다. 우주의 규모를 대략적으로라도 알게 되었고, 인간의 한계들도 알게 되었다. 아무런 의미가 없어 보이는 백지상태의 우주 속에서 정해진 의미가 없는 백지상태의 인간으로 생명을 부여받아, 자유와 상상력을 가지고 우리 나름대로 인간의 의미를 만들어 갈 수 있는 상황에 이르렀다.

서양에서 "신은 죽었다"라고 니체가 선언한 이후에 등장한 실존주의자들이 허무주의로 빠지기 쉬웠던 이유는, 인간을 세계의 한 부분이자 세계가 만든 생명체로 보지 않고, 세계 속에 내던져진 독립된 존재로 보았기 때문이다. 이런 존재론적 착각은, 앞서 여러 차례 얘기했지만, 과학적 사실에 어긋나는 것이다. 우주와 지구와 사회로부터 분리된 '나'를 상정할 경우 자아는 이 광대한 우주의 시공간 속에서 먼

중생대(Mesozoic Era, BC 2억 5100만 년~BC 6600만 년)의 지구는
1억 6천만 년 이상 공룡들의 세상이었다. - 사진 출처: 위키백과

지보다 못한 초라한 존재가 되고, 너무나 의미 없는 존재가 될 수밖에 없고, 따라서 나의 삶은 의미가 없다는 허무주의로 빠질 수밖에 없다. 우리는 우주에 내던져진 존재가 아니다.

그것은 과학적으로 맞지 않는 착각일 뿐이다. 우리는 우주의 역사와 함께하고 있고, 우리는 우주의 일부이다. 그리고 지금 기적 같은 생명을 부여받아 생명 현상을 이어가고 있는 것이다. 생물학적으로 이 생명 현상을 유지하는 것이 우리의 인생이다. 그리고 우리는 생명체이기에 죽음을 피할 수는 없다. 죽음은 자연스러운 우리의 운명이며, 모든 생명체가 받아들여야 하는 필연이다. 두려워할 필요가 없다. 우리가 죽음을 기꺼이 받아들일 때 우리의 삶은 더욱 소중해지고 감사한 일이 된다. 삶을 더욱 열정적으로 살게 된다. 이 아까운 시간을 남을 미워하고 시기하고 질투하면서 낭비하는 것이 얼마나 어리석은 일인가를 깨닫게 된다.

광활한 우주의 기적 같은 존재로서의 나, 억겁의 시간 동안 이어진 중중무진한 인과의 결과로 찰나 같은 시간 동안 인간의 모습을 유지하다 사라지는 나. 우주가 나에게 생명을 주면서 요구한 것은 아무것도 없다. 나에게 부과된 과제도 짐도 없다. 조건 없는 백지수표를 가지고 태어났다. 누구나 그 인생의 백지수표에 얼마든지 자기 삶의 가치를 기재할 수 있다. 각자 인생의 가치를 만들어가는 것이다. 예수님은 얼마를 기재했나? 부처님은? 안중근 의사는? 돈으로 따져야 쉽게 이해하는 세상이니, 그분들의 삶의 가치는 돈으로 환산하면 얼마이겠는가? 수천만 동포의 불행한 삶을 식민 압제로부터 구하는 데 목숨을 바친 독립운동가의 삶은 얼마로 평가해야 하나? 반대로 가까이 있는 가족에게도, 친구에게도 아무런 감동을 주지도 못하고 생명을 다하는 사람들도 많다. 부와 권력에 대한 자신의 욕심을 채우기 위해 남을 기만하고 괴롭히기만 하고 가는 사람도 있다.

인간이 지닌 최고의 가치

　지금까지 인류는 수많은 종교를 만들었고, 수천 년 지속된 종교도 있다. 동서양에서 수많은 영적 지도자들이 다녀갔다. 그 종교와 영적 지도자들이 현재까지 설파한 인간의 가치들 중 우리 인간이 생각할 수 있는 최고의 가치는 사랑과 자비이다. 인간이 추구할 수 있는 다른 가치들도 많지만, 사랑과 자비는 모든 것을 포용할 수 있다. 그렇다. 인간이 사랑과 자비를 상징하는 존재로 자리 잡을 때 인간의 존재 가치는 우주 속에 빛날 뿐 아니라 인간으로 살다 가는 존재와 그 주위에 함께 살아가는 모든 존재는 그 선한 가치의 영향을 받게 될 것이다. 앞으로 설사 AI가 지배하는 시대가 오더라도, 외계인이 지구에 오더라도 인간의 존재 가치는 의심의 여지가 없게 될 것이다. 그러나 만약 지금처럼 인간이 스스로 경쟁과 증오와 탐욕의 상징으로 자리매김하는 경우, 지구 생태계의 파괴자로 자리매김하는 경우, 이 우주와 지구 속에 인류의 존재 가치는 없을 것이다. 우주적 차원에서 보면 먼지도 안되는 작은 존재이지만 선한 의미를 만들고 간다는 것은 멋진 일이다. 숭고한 일이다. 개인적 차원에서도 삶의 의미를 만들어 갈 수 있겠지만, 인류적 차원에서도 우주 속에 인간종(種)의 의미를 만들어 갈 수 있는 자유와 권리를 누가 부정할 수 있겠는가? 애초에 우주 자체는 아무 의미가 없이 탄생했을지 모르지만, 그 속에서 의미를 만들어낸다는 것은 대단한 일이다. 우주에 의미를 부여하는 일이다. 그것이 인간의 위대함이 될 것이다.

지혜로운 삶을 위한 10가지 사고 습관

1. 협소하고 왜곡된 자아의식에서 벗어나라

애초에 나를 육체와 사고를 지닌 고정된 실체로 보는 것 자체가 비과학적인 환상이었다. 자아를 지구와 함께 영원히 지속되는 변화의 과정으로 보아야 한다. 나와 환경, 나와 이웃, 나와 후손, 나와 지구의 관계를 재설정하는 것이다. 애초에 나의 몸이 만들어지는 과정은 45억 년 전, 지구의 탄생과 함께 시작되었다. 아니 그 이전 우주의 탄생과 함께 시작되었다고 해야 할지 모른다. 지금 내 모습이 있기 위해서 길게는 수억 년의 세월 동안 진화가 있었고, 짧게는 수만 세대에 걸친 내 조상님들의 결혼이 있었다. 만약 무엇 하나 생략되거나 바뀌었더라면 지금 나의 모습을 갖게 되는 것은 불가능했을 것이다. 나는 탄생 이후에도 자연과 사회와 문화라는 중층적인 복잡계 속에서 끝없는 변화의 과정을 이어가고 있다. 그러니까 나는 고정된 존재가 아니라 중층적 복잡계 속에서 끝없이 변해가는 생명체이다. 몸 세포보다 많은 100조 마리 이상의 미생물들과 함께 살고 있는 공생명체이다. 그리고 나는 나와 나를 둘러싼 환경의 총합이다. 그 환경은 자연환경만이 아니라, 가족, 사회, 국가 등 사회환경, 역사, 가치, 전통 등 문화환경을 포함한다. 이것들이 바로 나를 구성하고 있는 것이다. 자연이 황폐해지면 인간은 살 수 없고, 가족이나 국가가 잘 되면 나도 잘 되고, 반대로 가족과 국가가 망하면 나도 그만큼 고통이 따른다. 이렇게 자아의식을 확장하면 우리의 행동은 달라질 수밖에 없다. 인간이 겪게 되는 고통과 고뇌의 많은 부분이 협소하고 왜곡된 자아의식에서 비롯된다고 할 수 있다. 오늘날 인류가 직면한 많은 문제들도 나와 나의 환경을 분리하는 협소한 개인주의에서 초래되었다고 볼 수 있다.

2. 세계는 감각과 지각이 만든 허상이다

대부분 사람은 실재하는 세계가 있고 자기는 세계와 분리된 존재로 태어나서 오감을 통해 세상을 있는 그대로 인식한다고 여긴다. 하지만 우리가 인식하는 세계는 한정된 능력을 지닌 우리의 오감을 통해서 받아들인 정보를 뇌에서 생존과 번식에 유리한 방식대로 해석해서 구성한 환상에 불과하다. 우리가 인식하는 세계는 우리가 만든 환상이다. 우리가 오감을 통해서 인지할 수 있는 정보는 아주 제한적이다. 우리 눈은 이 세계에 있는 빛의 10%만 인식할 수 있다. 만약 우리의 시력이 현미경처럼 미세한 세균들도 볼 수 있다면, 우리의 시력이 우주의 모든 빛을 다 볼 수 있다면, 우리의 귀가 이 세상에 존재하는 모든 주파수의 소리를 들을 수 있다면 우리의 눈과 귀는 지금과 전혀 다른 모양으로 형성되었을 것이고, 우리에게 인식되는 세계는 지금과 전혀 다른 모습으로 드러날 것이다. 모든 생명체는 자신의 인식능력에 따른 제한된 정보를 가지고 자기 방식으로 고유한 세계를 구성하고 있다. 우리가 생각하는 형태로 존재하는 세계는 없다. 게다가 우리의 감각과 지각은 문화의 산물인 경우도 많다. 색깔, 소리, 냄새, 맛 등에 대한 인식과 분별은 언어와 문화의 영향을 많이 받는다. 이런 것을 받아들인다면 스스로 만물의 영장이라고 여기는 인간의 오만함은 줄어들 수 있다.

3. 모든 분별은 상대적이다

길다, 짧다, 크다, 작다는 것에서부터 동서남북에 이르기까지 모든 인간의 분별은 상대적이다. 어느 상황에 놓이느냐에 따라서 판단이 달라진다. 미의 기준도 시대마다 지역마다 다르다. 20세기 초까지도 중국에서는 전족을 한 여인을 아름답다고 여겼다. 10센티미터 정도 되는 기형적인 발은 지금 우리가 보기에는 몹시 흉측한 모습이지만 그 당시 중국 사람은 실제로 아름답게 느꼈다. 선과 악도 마찬가지다. 정말 해서는 안되는 살인도 전쟁터에서는 많이 할수록 영웅이 된다. 인간은 자신의 경험과 자라온 문화를 바탕으로 세상을 이해하고 분별한다. 그래서 같은 문화 속에서도 사람은 서로 경험이 다르기 때문에 서로 사고와 정서가 다를 수밖에 없음을 인정해야 한다. '적어도 나는 객관적으로 인식하고 판단한다'는 착각에서 벗어나야 한다. 모든 분별은 상대적이라는 생각을 늘 가지고 있으면 '나는 옳고 너는 틀리다'는 판단을 함부로 내리지 않게 된다. 우리의 인식은 자신의 경험과 자신이 속한 문화를 벗어나기가 정말 어렵다. 인간의 사고는 자신이 속한 종의 속성과 문화의 산물일 뿐이다. 그래서 '나의 감각', '나의 감정', '나의 사고'라고 할 만한 것이 없다.

4. 나의 욕망도 사회와 문화가 만든다.

우리의 신체적 욕구를 제외하면, 욕망의 대부분은 사회적 욕망이다. 사회적 동물이기 때문에 갖게 된 욕망들이다. 개인이 필요에 따라서 갖게 된 욕망이라기보다는 대부분 자기가 속한 사회와 문화에서 잘 나가는 사람들이 추구하는 것을 따라 하려는 모방 욕망이고, 남들로부터 인정받으려는 욕망이다. 인간은 사회적 동물로 진화해 왔기 때문이다. 인간은 사회를 만들고, 사회는 인간을 만든다. 그래서 사회가 변화하면 개인의 욕망도 변한다. 명예를 중시하는 시대도 있었고, 충성심과 효도를 중요시하던 시대도 있었다. 그런 시대에는 모두가 그 가치를 우선적으로 추구했다. 요즘은 물욕이 인류 역사상 최고점인 시대이다. 부끄러운 일이지만 대한민국은 세계에서 물질적 욕망이 가장 강한 나라라고 해도 과언이 아닐 것이다. 내 욕망이 나의 필요에 따른 것인지 남의 욕망을 모방하는 것인지 분별하는 태도를 가지면 쉽게 욕망에 휘둘리지 않게 된다. 욕망으로부터 벗어나는 것, 그것이 행복에 이르는 지름길이요, 불교에서 말하는 해탈(解脫)이 아닐까?

5. 일어나는 감정을 한 발 떨어져 관찰하라

욕망과 마찬가지로 우리를 괴롭히는 많은 감정들은 인간관계에서 발생한다. 분노, 시기, 질투, 원망, 수치심, 슬픔… 이 모두 우리의 평정심을 앗아가는 부정적 감정이다. 인간이 다른 동물들과 다른 점은 이러한 감정을 느낄 때 그 감정을 한 발 떨어져 관조할 수 있는 능력을 가진 것이다. 자신의 감정이 왜 일어났고 그럴 만한가를 따져볼 수 있는 객관화 능력, 자기 반성적 능력이다. 이렇게 자신의 감정을 관찰하는 것만으로도 빨리 그 감정에서 벗어날 수 있다. 이것이 바로 '마음 챙김'이요, '마음 수련'이다. 많은 경우 어떤 분노나 질투, 원망 등 부정적인 감정은 자기의 마음을 바꿈으로써 사라질 수 있는 감정들이다. 이 세상과 타인은 내 마음대로 쉽게 바꿀 수 없지만, 나의 마음을 잘 다스림으로써 우리는 평안한 삶을 누릴 수 있는 것이다. 외부 세계에 휘둘리지 않는 평정심, 그것이 곧 열반(涅槃)이 아닐까?

6. 세상의 잣대에 얽매이지 마라

인간의 삶의 방식과 환경은 계속해서 변해간다. 인간의 가치관과 사고도 마찬가지다. 세상과 우리에게 정해진 정답은 없다. 가족, 사회, 국가, 돈, 명예, 지위, 일, 여가, 우정, 사랑 등 모든 것들의 가치는 세월과 함께 변해간다. 우리가 오늘날 추구하고 있는 가치들이 어떤 의미가 있는지, 얼마나 합리적인지도 변해가는 환경 속에서 늘 다시 생각해 볼 필요가 있다. 우리가 어떤 가치를 설정하고 추구할 것인지는 전적으로 우리에게 달려 있다. 그런 점에서 우주는 우리에게 무한한 자유를 주었다. 그래서 새로운 가치를 추구할 수 있는 상상력과 의지와 실천이 중요하다. 물론 사회적 동물로서 그 과정에서 설득과 합의가 필요할 것이다. 그렇지 않으면 결국 다수의 피해자가 발생한다. 아무리 세상이 변해도 우리 인간이 지향해야 할 기본적인 삶의 태도와 관련하여, 마태복음에 나타난 예수님의 산상수훈도 깊은 울림을 준다. 만약에 하늘나라가 있다면 그 하늘나라는 어떤 사람들이 사는 곳인지 상상해 볼 수 있게 한다. 영혼이 순수한 사람, 타인의 고통을 나누는 사람, 온유한 사람, 자비로운 사람, 정의를 추구하는 사람, 마음이 착한 사람, 평화를 추구하는 사람, 옳은 일을 실천하는 사람, 그런 사람들이 사는 곳이 하늘나라일 것이다. 그렇게 살면 되는 것 아닐까?

7. 열정적으로 살되 결과에 집착하지 말라

복권에 당첨된 자가 그 돈을 쓰지도 못하고 그냥 죽어버린다면 참 안타까운 일이라고 누구나 생각할 것이다. 만약 우리의 생명과 관련된 신이 있어 멀리서 우리를 바라본다면, 로또 중의 로또 당첨이라고 할 수 있는, 우주적 차원의 엄청난 인연을 통해 만들어진 귀한 나의 생명을 마음껏 누리지도 못하고 죽는다면 이 또한 안타까운 일이라고 생각하지 않을까? 머릿속에 아무리 깊은 지식과 좋은 생각이 있다고 해도 행동에 반영되지 않고 실천하지 않는다면 아무 의미가 없다. 우리는 생명을 마음껏 누려야 한다. 나는 고유한 신체와 사고를 지닌 실체가 아니라 매 순간 변해가는 현상이다. 삶의 과정, 삶의 궤적이 나인 것이다. 그렇기 때문에 우리는 역사적 인물을 평가할 때 그 사람의 행동과 업적과 삶의 과정을 평가하지 않는가? 한편, 우리에게 주어진 귀한 생명을 자신이 추구하는 바를 위해 열심히 불태워야 하지만 그 결과에 집착해서는 안 된다. 결과는 아무도 장담할 수 없다. 반드시 좋은 결과를 얻겠다는 집착은 세상을 모르는 데서 나오는 과욕이다. 우리가 속해 있는 지구, 국가, 사회, 문화 등은 모두 서로가 얽히고설킨 복잡계에 속하기 때문이다. 그러니 열정적으로 살되 결과에 집착하지 말아야 한다.

8. 함께하는 자가 행복하다

최근의 행복학에 따르면, 행복이라는 특별한 감정이 있는 것이 아니고, 좋은 감정들을 많이 경험하는 것이 행복이라고 한다. 그런데 심리 연구에 따르면, 좋은 감정은 금방 사라진다. 지속하게 되면 다른 감정을 느끼지 못해 생존에 지장이 생길 수 있기 때문이다. 큰 집을 사도, 좋은 차를 사도, 로또에 당첨되어도, 백만장자가 되어도 지속적으로 행복하지 않은 이유는 행복의 전구가 곧 꺼지고 말기 때문이다. 그래서 행복학에서는 강도보다 빈도가 중요하다고 한다. 소소한 즐거움을 자주 느낄 수 있도록 행복 전략을 짜는 것이 중요하다. 그것이 우리의 본성에 맞게 사는 지혜이다. 욕망과 비교의 굴레에서 벗어난다면, 요즘은 크게 돈 들이지 않고도 좋은 감정을 느낄 수 있는 여건이 마련된 시대라고 할 수 있다. 영화, 음악, 미술, 스포츠, 등산 등 즐거움을 얻을 수 있는 대상은 가까이에 널려있다. 한 가지 명심할 것은, 혼자 마시는 위스키보다는 함께 마시는 막걸리가 더 즐거움을 준다는 점이다. 바로 우리는 사회적 동물로 진화해왔기 때문이다.

9. 늘 죽음을 의식하라

인간이 죽지 않고 영생하는 존재라면 우리의 모든 행동은 의미가 없어진다. 지금 안 해도 언젠가 천 번이고 만 번이고 할 수 있으니까. 영원히 산다면 이 세상 모든 것은 의미를 상실하게 될 것이다. 인간은 길어야 백 년 정도밖에 못 살고, 더욱이 그전에 언제 죽음이 찾아올지 아무도 모르기 때문에 우리의 삶은 소중한 것이다. 인간 누구에게도 보장된 수명은 없다. 하지만 우리는 애써 자기는 평균 수명은 살 거라는 막연한 기대를 가지고 살아간다. 게다가 때로는 200년, 300년 살 것처럼 착각하면서 행동한다. 정신없이 욕망을 좇느라 정작 소중한 것을 미루다가 인생을 덧없이 마감하는 경우가 허다하다. 죽음은 예고가 없다. 지위 고하를 막론하고 언제든지 찾아온다. 그래서 언제 죽음이 나에게 다가올 줄 모른다는 생각을 늘 하면서 사는 것이 필요하다. 늘 죽음을 의식하면 하루하루 살아 있음에 감사하게 되고, 매일 후회 없는 삶을 살려고 노력하게 되고, 남에게 더 관대해지게 되고, 지나친 집착을 버리는 현명한 삶의 태도를 갖게 된다. 죽음에 대한 두려움을 극복하는 방법은 자아의식을 확장하는 것이다. 죽음은 공생명체인 내 몸의 형체가 대지와 허공 속으로 다시 흩어지는 것일 뿐이다.

애초에 바다의 일부였던 파도가 파도의 모습을 거두고 바다 그 자체가 되는 것. 구름이 구름 모습을 거두고 다시 공기와 빗물로 변하는 것. 빗물이 냇물이 되고, 냇물이 강물이 되고, 강물이 바다가 되는 것처럼. 이것이 바로 장자의 죽음에 대한 '과학적' 태도이다.

10. 나와 우주의 의미는 내가 만든다

지구라는 행성은 광대한 우주에서는 먼지와 다름없다. 그 먼지 속에서 찰나도 안되는 삶을 살다 사라지는 미미한 인간이지만, 억겁의 세월 동안 우주적 차원에서, 지구적 차원에서 지속되어 온 중중무진의 인연에 의해서 생명을 얻어 이 땅에 인간의 모습으로 내가 살게 되었다는 것은 정말 일어나기 힘든 기적 중의 기적이요, 로또 중의 로또 당첨이다. 우리가 늘 인간 속에서 살기 때문에 그 귀중함을 모른다. 의미 없는 세상에 의미 없이 태어난 인간의 삶은 본래 아무 의미가 없다고 실존주의자들은 말한다. 나와 세계에 고정된 본질적 의미는 없다고 여기는 실존주의가 허무주의로 흐르기 쉬운 것은 나와 세상을 분리하기 때문이다. 인간을 세계에 대립 되는 독립된 개체로 설정하기 때문이다. 내가 곧 우주라는 진실을 받아들이면 허무주의에서 벗어날 수 있지 않을까? 어떻게 보면 미미하다는 말조차 과분한 존재가 수천억 개의 은하계를 상상할 수 있고, 아무 의미가 없어 보이는 백지 같은 우주에 이타적 의미를 새겨 갈 수 있다면 인간은 자신의 태생적 조건을 초월하는 고귀한 존재로 나아가는 것이다. 모든 가능성은 열려있다. 모든 것의 의미는 고정된 것이 없고, 가변적이고, 비어있다. 이 우주에 어떤 의미를 새겨 넣을지는 우리에게 달려 있다. 나와 우주의 의미는 내 손에 달려 있다. 나의 행위는 곧 우주의 행위이기 때문이다.

에필로그

허무주의와 실존주의를 극복하는 AI시대 인생론

나는 2008년에 우리나라에서는 처음으로 대학에서 인문학 공통 교과목으로 '행복' 관련 과목을 개설했다. 교과목 제목은 〈동서양 고전과 행복〉이었다. 그럴 만한 계기가 있었다. 당시 인문대학에서 보직을 맡고 있었는데 학생들이 연이어 자살하는 사건이 발생했다. 그 무렵 서울대학교 대학생활문화원의 조사에 따르면 서울대학생의 행복도가 다른 대학교 학생에 비해 높은 편이 아니고, 열등감에 시달리는 학생도 상당한 비율이었다. 외부에서 일반인이 생각하기에는, 그 어려운 경쟁을 뚫고 서울대학교에 들어갔으면 당연히 다른 대학교 학생에 비해 행복지수가 높게 나올 것 같은데 실상은 그렇지 않았다. 상당한 충격이었고, 뭔가를 해야겠다는 생각이 들었다.

그래서 행복과 관련된 자료들을 뒤지기 시작했다. 이미 하버드대에서는 행복학 강의가 대단한 인기 과목이었고, 클레어몬트대학을 비롯한 여러 대학에서는 긍정심리학 석사과정이 개설되어 있었고, 영국에서는 고등학교 교과목에 행복학이 들어 있었다. 행복학의 바탕이 된다고 할 수 있는 긍정심리학에서는 행복은 불행한 감정이 없다고 저절로 느끼는 감정이 아니라 자전거를 타는 법을 배우듯 행복하게 사는 법을 배워야 한다고 주장한다는 것도 알게 되었다. 그래서 인문학, 심리학, 사회과학, 물리학, 천문학, 종교학 등이 함께 참여하는 '행복학 연계 전공 과정'을 설치하면 어떨까 하는 생각에 이르렀고, 우선 탐색 차원에서 〈동서양 고전과 행복〉이라는 과목을 개설하게 되었다. 그 수업은 학제적 협동강의 형식으로 진행되었다. 동서양 문학과 철학, 종교학, 심리학, 뇌과학 전공 교수들이 자신의 전공 분야에서는 행복을 어떻게 바라보는지 설명해 주었다. 인간과 행복에 대한 각 학문의 시각을 배울 수 있는 좋은 경험이었다. 인간과 행복이라는 주제는 어느 특정 학문 분야의 전유물이 될 수 없다는 것을 다시 한번 느꼈다. 그리고 인문학 또한 많은 부분 행복학의 성격을 지니고 있다는 것도 깨달았다.

몇 년 뒤, 〈서울대학교 인문학 최고위 과정〉에 지도교수로 참여하게 되었다. 우리 사회의 오피니언 리더들을 위한 인문학 과정이었다. 우리나라 각 분야의 일선에서 평생을 바쁘게 달려온 사람들이지만 의외로 인문학에 대한 관심이 많다는 것을 확인하게 되었다. 경영대학이나 행정대학원에서 운영하는 여러 최고위 과정이나 기업에서 강의를 하면서도 같은 사실을 확인할 수 있었다. 나와 가족을 위해, 회사와 국가를 위해 정신없이 하루하루 살지만 마음 한구석에는 '나는 누구인가?' '나는 잘살고 있는가?', '내 인생의 의미는 무엇인가?' 하는 질문들을 마치 지갑에 넣어 둔 가족사진처럼 늘 지니고 다닌다는 것을 알게 되었다. 그리고 그런 질문들의 이면에는 허무주의가 그림자처럼 어른거린다는 것도 알게 되었다.

오늘날 우리가 당면한 큰 과제 중 하나는 허무주의를 극복하는 일이다. 대한민국이 세계에서 자살률이 가장 높은 나라가 된 주된 이유로는 지나친 경쟁과 황금만능주의가 낳은 상실감과 박탈감을 꼽을 수 있지만, 삶에 대한 허무주의도 한몫을 차지한다고 볼 수 있다. 허무주의는 자아와 세계에 대한 잘못된 이해에서 비롯되고 있다. 세계와 나, 나와 타인을 분리해서 바라볼 뿐 아니라, 대립과 경쟁의 대상으로 바라보는 서구 개인주의적 사고방식으로는 결코 허무주의에서 벗어날 수 없다. 니체를 비롯해 20세기 실존주의자들이 허무주의로 쉽게 빠졌던 이유는 세계와 나를 분리해서 대립적인 관계로 설정했기 때문이다. 오늘날 현대 과학은 지금까지 우리의 자아 인식이나 세계 인식이 틀렸다는 것을 말해주고 있다.

원래 지난 수백 년간 자연과학과 철학의 발전은 서로 궤를 같이 해왔다. 자연과학의 발전은 철학 이론의 변화를 유도해 왔다. 르네 데카르트는 근대 천문학의 기초를 세운 코페르니쿠스의 지동설 이후 기계론적 세계관을 발전시켰다. 그는 우주가 신에 의해서 작동되는 것이 아니라 기계처럼 작동하며, 물질과 운동의 법칙으로 설명될 수 있다고 보았다. 존 로크는 아이작 뉴턴Isaac Newton(1642~1726)의 영향으로 경험론적 인식론을 발전시켰다. 로크는 인간의 마음이 백지상태에서 출발하며, 경험을 통해 지식을 습득한다고 주장했다. 알프레드 노스 화이트헤드Alfred North Whitehead(1861~1947)는 알베르트 아인슈타인Albert Einstein(1879~1955)의 상대성이론의 영향을 받아, 우주가 고정된 실체가 아닌, 지속적인 과정과 사건의 연속이라고 보았다. 리처드 도킨스Richard Dawkins(1941~)는 빅뱅 이론과 진화론을 바탕으로, 무신론적 세계관을 적극적으로 옹호했다. 그는 종교적 설명보다 과학적 설명이 더 합리적이라고 주장했다.

이와 같은 사례들은 과학의 발전이 철학적 사고에 깊은 영향을 미치고, 새로운 질문과 논의를 촉발했다는 것을 보여준다. 철학자들은 과학적 발견을 바탕으로 존재론, 인식론, 윤리학 등 다양한 분야에서 사유를 확장해 나갔다. 동시에 이러한 사례들은, 과거에 믿었던 세계관과 인간관이 흔들리면서 우리 현대인이 과거 어느 시대의 인간보다 혼란스러운 삶을 살아갈 수밖에 없는 이유를 설명해 준다.

현대 과학이 알려주는 바에 따르면, 인간은 우주와 지구의 역사가 만든 우주의 한 부분으로서 생명 활동 중인 공생체이다. 내가 곧 우주이고, 나는 실재하는 고정된 존재라기보다는 끝없는 변화 과정에 있는 하나의 생명 현상이라고 할 수 있다. 내가 이 세상에서 생명체로 형성되어 우주를 생각하는 능력을 가지고 있고, 이 우주에 어떤 의미를 새길 수 있다는 것은 기적 중의 기적 같은 행운이다. 이보다 더 소중한 인생의 의미가 어디 있을 수 있는가? 비유하자면, 우주가 나에게 생명을 준 것은 백지수표를 주고 최장 100여 년 동안 원하는 대로 마음껏 쓰라고 한 것과 같다. 그러니까 이 생명 현상을 마음껏 누려야 하지 않겠는가?

이런 인간의 본성을 인정한다면 지나간 과거를 후회하고 아쉬워하면서 현재 이 순간을 허비하지 않아야 한다. 미래를 대비하는 것은 필요하지만 지나치게 걱정하고 불안해하며 현재 이 순간을 허비하지 않아야 한다. 현재를 후회와 걱정 속에 보내는 습관을 가지면 평생을 그렇게 보내는 꼴이 되고 만다. 그래서 지금 이 순간을 충만하게 사는 습관이 필요하다. 이 순간 따뜻한 커피 한잔을 앞에 놓고 좋아하는 음악을 듣는 것에 많은 돈이 필요한 것도 아니다. 공원을 걸으며 시시각각 변해가는 석양의 아름다움을 감상하는 데 돈이 드는 것도 아니다. 가까운 사람과 주변 산에 가서 계절마다 변해가는 자연의 신비로움을 감상하고 내려와 맛있는 순대국 한 그릇을 함께하는 데 큰 재산이 필요한 것도 아니다. 미술관을 가서 그림을 감상하고, 박물관에 가서 유물을 보면서 인간에 대해 생각해 보는 시간을 갖는데 큰돈이 드는 것도 아니다. 자전거를 타든, 조깅을 하든, 산책을 하든 큰 비용이 드는 것은 아니다. 현재를 충만하게 살아가는 습관을 기르는 것이 행복으로 가는 지름길이다. 남을 시기하고 미워하는 데 시간을 낭비하지 않아야 한다. 해야 할 일이 있으면 긍정적인 태도로 받아들이고 실천해야 한다. 일 또한 내가 살아 있음을 증명하는 행위이다.

 대한민국이 경제적인 면에서는 선진국 대열에 들어섰는지 몰라도 한국인의 행복도는 세계 중위권 정도밖에 되지 못한다. 지나친 경쟁과 물질만능주의가 낳은 상대적 박탈감과 인간관계의 단절이 가장 큰 원인일 것이다. 게다가 남의 눈을 지나치게 의식하는 우리의 문화도 문제점으로 지적될 수 있다. 조선의 유교 문화와 집단주의 문화의 영향이라고 할 수 있는데, 자긍심과 자기만의 철학이 부족한 탓이다. 우리나라 사람들이 다양한 분야에서 유행에 민감한 것도 같은 맥락에서 해석될 수 있다. 해방 이후 미국과 서구 문명을 추종하면서 무방비 상태로 노출된 결과, 우리도 모르는 사이에 문화적 열등감에 사로잡히는 상황에까지 이르렀다. 상품명이나 상호, 아파트 이름 등이 대부분 서양어로 표시하는 경향이 강하다. 우리말로 이름을 붙이면 '뭔가 없어 보인다'는 것이다. 해방 이후 지금까지 학계에서도 서양 사상이나 이론을 무비판적으로 받아들이기에 급급했다. 서구의 개인주의와 시장 논리를 금과옥조처럼 너무나 당연시하는 것도 문제다. 이제 비판적 시각을 가지고 우리의 철학을 확립하고 우리의 목소리를 낼 때가 오지 않았나 싶다.

경제성장과 물질적 풍요만으로 행복해질 수 없고, 정신적 성숙이 동반되어야 한다는 것은 상식에 가깝다. TV를 비롯한 대중매체는 지나칠 정도로 물욕을 조장하고 획일화된 가치를 조장하는데, 정치인들과 정부는 아직도 거기에 대해서 심각성을 느끼지 못하고 오히려 동조하고 있거나 앞장서고 있다. 자살 문제는 우울증 문제로 단순화시키거나 개인의 탓으로 돌리고, 저출산 문제는 맞벌이 문제로

축소시키고 있다. 우리 사회가 지닌 근본적인 문제를 인식하지 못하는 것인지, 아니면 알면서도 해결할 엄두가 안 나 침묵하는 것인지 모르겠다. 우울증의 근본 원인에 대해 발설하는 것이 금기라도 되는 듯 모두가 꺼리는 분위기다. 최소한의 의식주 해결과 건강은 행복의 필수 조건이다. 국가가 지속적인 발전을 이루기 위해서 무엇보다 먼저 신경 써야 할 부분이다.

동시에 우리가 물질적 가치에 지나치게 매달리지 않는 분위기 조성을 위해 가정과 학교, 국가와 언론이 함께 나서야 할 때다. 특히 과거에 비해 종교의 위상이 떨어진 오늘날, 언론의 역할과 책임은 막중하다. 모든 국민이 지나치게 경쟁에 내몰리지 않는 제도와 풍토를 만들어야 한다. 이제 개인의 경쟁력 못지않게 집단의 경쟁력을 높이기 위해 공생을 강조할 때가 왔다. 다양한 가치가 존중받고, 다양한 능력이 보상받는 사회가 되어야 한다. 다양한 종목이 있어 올림픽이 풍성하고 재미있듯이, 인간 삶도 그러하리라. 인간의 다양한 가치를 존중할 줄 모르는 획일화된 사회는 곧 경쟁력을 상실할 수밖에 없다. 인간성이 상실된 선진국은 진정한 선진국이 아닐뿐더러, 오래가지 못한다. 소수의 승리자보다는 다수의 승리자를 배출하는 사회가 되어야 한다. 그래야 국민의 행복지수가 높아지고, 출산율이 높아질 것이다. 국민의 행복도를 높이는 일이 곧 국가의 경쟁력을 높이는 일임을 명심해야 할 때다.

찾아보기

ㄱ

간접적 호혜주의 169
갈애(渴愛) 177
거울 뉴런 시스템 168
공감 능력 168, 201
공생 51, 52, 56, 237
공생설 50
공생체 52, 85
괴테 Johann W. Goethe 158
길가메시 Gilgaméš 89, 90, 99, 100
꾸란(Quran) 92, 93

ㄴ

『나 없이는 존재하지 않는 세상』 80
『낭송 장자』 44, 74, 121

낱소리 132
네안데르탈인 154, 157
뇌과학 14, 47, 73, 74, 231
『누구를 위하여 종은 울리나』 62, 63
뉴턴 Isaac Newton 233

ㄷ

다윈 Charles R. Darwin 52, 53
데카르트 René Descartes 66, 233
『돈키호테』 137
『돈키호테에 대한 성찰』 57
〈돈키호테의 작가, 피에르 므나르〉 136

ㄹ

로버트 월딩거 Robert Waldinger

찾아보기 **239**

200

로버트 트리버스 Robert Trivers

169

로크 John Locke 149, 233

루소 Jean Jacques Rousseau 149

르네 지라르 René Girard 183, 184

리처드 도킨스 Richard Dawkins 233

린 마굴리스 L. Margulis 50~52, 54

ㅁ

마르케스 Gabriel García Márquez 163

마크 슐츠 Marc Schulz 200

만인에 대한 만인의 투쟁 149

『매혹하는 식물의 뇌』 25

모방 욕망 185, 222

『몸의 인지과학』 48

무아(無我) 사상 95

무함마드 92

물질만능주의 15, 86, 164, 183, 235

미드 George Herbert Mead 150, 151,

153

ㅂ

바르자흐(Warzach) 92

변연계(limbic system) 160

보르헤스 Jorge Luis Borges 136~139

불교 29, 32, 38, 69, 71, 72, 74, 80, 82, 94, 95, 120, 177, 222

불확정성 원리 142

브라흐만교 38, 93, 94

『비상시를 위한 기도문』 62

빅뱅 28

빅뱅 이론 233

ㅅ

『사고, 자아 그리고 사회』 150

산상수훈 32, 177, 224

상대성이론 233

상징적 상호작용론 150

생명공동체 14, 86, 208
『생명이란 무엇인가?』 50
생명체 21, 24, 26, 27, 29, 30,
　49, 50, 51, 54, 77, 78, 83,
　208, 212, 213, 215, 219,
　220, 227, 234
생성체계 240
세르반테스Miguel de Cervantes 137
『세상에서 가장 긴 행복 탐구 보
　고서』 200
소크라테스Socrates 37, 40, 41,
　55, 65
쇼펜하우어Arthur Schopenhauer
　192, 193
수치심 172, 173, 174, 223
슈뢰딩거Erwin R. J. A. Schrödinger
　71, 72
스테파노 만쿠소Stefano Mancuso
　25
스페인 내전 63, 64
스피노자Benedictus de Spinoza 178

신경생물학 77
실존주의 213, 228, 230, 233
심리적 방어기전 68

ㅇ

아리스토텔레스Aristotles 142,
　147, 149, 178
아인슈타인Albert Einstein 233
안드로메다 은하계 20
『안티 오이디푸스』 187
알레산드라 비올라Alessandra Viola
　25
알레호 카르펜티에르Alejo Carpen-
　tier 100
애국심 166~168, 173
양자 얽힘 142
양자역학 14, 71, 81, 114, 140,
　141
업(Karma) 93
에밀 뒤르켕David-Émile Durkheim
　149

에반 톰슨Evan Thompson 48

엘리노어 로쉬Eleanor Roch 48

엘리노어 로쉬 하이더Eleanor Roch Heider 133

연기법(緣起法) 95

예수 8, 32, 65, 89, 91, 92, 160, 162, 177, 215, 224

오디세우스Odysseus 98, 99

옥시토신(oxitocin) 159

『외로움: 인간의 본성과 사회적 연결의 필요성』 158

욕망의 노예 180, 197

우르크 241

우주 마이크로파 배경 복사 (Cosmic Microwave Background Radiation) 21

우주적 차원 23, 24, 26, 31, 32, 33, 39, 69, 111, 211, 216, 225, 228

움베르토 마투라나Humberto Maturana 77

윌리엄 D. 해밀턴William D. Hamilton 169

윌리엄 패트릭William Patrick 158

윤회 사상 38, 94, 95

이타심(altruism) 168, 169, 170, 173

이토 히로부미 122

ㅈ

자기생성(autopoiesis) 77, 79

『자기생성과 인지』 77

자연선택 29

자크 라캉Jacques Lacan 179, 198

장자莊子 37, 43~45, 73~75, 120, 121, 226, 228

전두엽(frontal lobe) 160

전족(纏足) 123, 124, 221

제갈량諸葛亮 210

존 던John Donne 62

『존재와 시간』 103

존 카시오포John T. Cacioppo 158

죄책감 172, 173, 174
주역(周易) 207
중생대 214
지동설 13, 67, 112, 233
『지상의 왕국』 101
진화론 30, 50, 52, 70, 76, 114, 147, 156, 181, 212, 233
진화생물학 14, 169
진화심리학 75, 166, 169
질 들뢰즈 Gilles Deleuze 179, 187, 188
집단의식(collective consciousness) 150

ㅊ

착각하는 인간 112, 143
친족 선택 이론 169, 170, 172
침팬지 111, 132, 172

ㅋ

카렌족 123
카를로 로벨리 Carlo Rovelli 80
칼립소 Calyps 98
칼 세이건 Carl E. Sagan 27, 28
케슬러 K. F. Kessler 52, 56
K-pop 60, 61, 129
코르티솔(cortisol) 159
『코스모스』 27
코페르니쿠스 Nicolaus Copernicus 13, 39, 67, 112, 233

ㅌ

태양계 28
트로이 전쟁 98, 99

ㅍ

파블로 네루다 Pablo Neruda 45, 46
펠릭스 가타리 Félix Guattari 179, 187

찾아보기 **243**

프란시스코 바렐라 Francisco Varela
47, 77

프로이트 Sigmund Freud 178, 179

플라멩코 129, 130

플라톤 Platon 178

ㅎ

하디스(Hadith) 92

하이데거 Martin Heidegger 103, 104

하이젠베르크 Werner K. Heisenberg
141, 142

해탈(Moksha) 94, 222

행복한 삶(eudaimonia) 149, 192, 200

허무주의 213, 214, 228, 230, 232, 233

허블 상수(Hubble Constant) 21

헤겔 G. W. Friedrich Hegel 143, 180, 181

헤밍웨이 Ernest Hemingway 62~64

호메로스 Homeros 98

호모 사피엔스 21, 42, 55, 89, 109, 111, 112, 143, 154, 157

호모 솔루스 156

호모 에라티쿠스(Homo Erraticus)
112, 143

호세 오르테가 이 가세트 José Ortega y Gasset 57, 58

홉스 Thomas Hobbes 149

홍범도 122

화이트헤드 Alfred North Whitehead
233

힌두교 38, 93, 94